知的生きかた文庫

ここまでわかった！
縄文と弥生　77の謎

「ニッポン再発見」倶楽部

JN109252

三笠書房

はじめに

我々が暮らす日本列島には、四万年から三万八千年前に現生人類がやって来たと考えられている。

その後、狩猟採集生活を営んでいた我々の先祖たちは、やがて農耕を始めてムラをつくり、さらにクニをつくりあげた。それに伴い、我々にもなじみのある文化が形づくられていった。これが日本の古代史の、ごくおおまかな流れである。

新発見に伴って歴史が大きく変わることは往々にしてあるが、そうしたなかでもとくに日本の縄文時代から弥生時代へと至る古代史は大きくさま変わりしている。

たとえば、稲作の始まり。かつては二千四百年前に渡来した弥生人によって伝えられ、弥生時代もこの時点から始まるとされていた。しかし、その後の研究で三千年前の遺跡から稲作の痕跡《こんせき》が発見され、すでに紀元前十世紀頃には稲作が始まっていたことが判明した。その結果、弥生時代の始まりも、五百年さかのぼることとなった。

こうした弥生時代に先行するのが縄文時代である。では、この時代に対して、どんな印象を持たれているだろうか？

　縄文時代といえば稲作がまだ伝わっておらず、家族単位で狩猟採集生活を営み、周辺に獲物がいなくなると移動して、新たな拠点に暮らす風景を連想される読者の方も多いことだろう。

　しかし、すでに縄文時代早期には定住が進んでいたことがわかってきた。それどころか、青森県の三内丸山《さんないまるやま》遺跡の発掘によって、約五千五百～四千年前頃には、大型の建築物を備え、五百人の人口を抱えた「都市」ともいうべき大集落を築き上げていたことが判明した。さらに縄文人たちは日本の幅広い地域に交易網をめぐらして、丸木舟を使って移動し、さかんに交易を行っていたこともわかってきたのである。


　いかがだろう。これだけで縄文・弥生時代の印象は大きく変わったのではないだろうか。常識が覆されやすいぶん、ロマンにあふれ、学び直しがいのある時代といえる。

　しかも、一万五千年におよぶ壮大な縄文・弥生時代は、日本人という民族が成立し、また、八百万《やおよろず》の神々への信仰を根底としつつ、仏教や儒教を受容するというハイブリッドな日本人のアイデンティティの原型が形成された時代でもある。

しかし、歴史の教科書での扱いは、ほんの数ページに過ぎない。

そこで本書は縄文・弥生時代に焦点を当て、教科書ではないがしろにされがちな「古代日本の姿」を、新しい説や発見を反映しながら掘り下げていきたい。

縄文・弥生の人々はどのような生活を送り、その文化や技術はどんな発展をたどったか。縄文人と弥生人は、どのように違うのか……。

一万年以上昔の人々の暮らしは、現代に生きる私たちとは一見無関係に感じてしまうかもしれない。しかし、この日本列島で世界最古級の土器を発明し、貝塚を残した人たち、稲作を始めた人たちこそが私たちの先祖であり、私たちの現代の暮らしもその先祖たちの暮らしの延長線上にあるのだ。縄文・弥生時代こそ、日本人の基礎がつくられた重要な時代と言っても言い過ぎではないだろう。

日本人はいったい、どこから来てどこへ行くのか——。

縄文・弥生の生活史が、その貴重な手がかりになれば幸いである。

「ニッポン再発見」倶楽部

第1章 縄文時代 基本の基本

第2章 縄文人って、どんな人たち？

第3章 縄文人のライフスタイル

第4章 縄文人の美意識

第5章

縄文人の豊かな食卓

第6章 稲作は、縄文晩期に始まった!?

第7章 弥生時代　基本の基本

第8章 弥生人のライフスタイル

第9章 弥生時代の終焉と邪馬台国の正体

本文DTP／株式会社 Sun Fuerza
執筆協力／中野渡淳一
章扉イラスト／川原瑞丸
本文イラスト／濱田優美香
図版作成／伊藤知広（美創）

＊本書の記述内容は、二〇二四年二月時点の資料等に基づいています。

第1章

縄文時代　基本の基本

謎1

縄文時代の特徴は?

――縄文土器を使い、狩猟採集が中心の定住生活

縄文時代とは何か。それを説明するファクターは細かく分けるといくつもあるが、ここではできるだけシンプルに述べてみる。

「日本列島において、人々が土器を発明し、稲作を始めるまでの狩猟採集が中心だった時代」

年代としては、約一万六千五百年前頃(一万五千年前頃という説もあり)から始まって、次の弥生時代に移行する約二千三百五十年前(地域によって縄文時代の終わりには差がある)までの約一万四千年間がこれに当たる。

世界的に見れば、この時代は新石器時代に区分される。しかし、日本では世界に先駆けて土器がつくられ、独自の文化が花開いた。よって日本ではこの時代を「縄文時代」と呼んでいる。

縄文時代以前の日本は、世界のほかの地域と同様、旧石器時代にあった。旧石器時代の人々は食料を求めて移動を繰り返す生活を送っていた。その旧石器時代に終わりを告げたのが縄文土器の登場だった。

土器という道具の発明によって、人々はそれまで難しかった食料の保存や備蓄、煮る、茹《ゆ》でるなどの調理ができるようになった。**土器のおかげで生活が安定し、それが定住生活へとつながっていくのだ。**

縄文時代の草創期後半の一万三千年前頃から始まる定住生活は、住居や集団生活も進歩させた。

人々は竪穴住居がいくつか集まった環状集落をつくって住んだ。男、女、子ども、老人はそれぞれの役割を持ち、分業で生活を支えあった。土器以外の石器や木器などの道具も進歩し、祭祀《さいし》などの文化も発展した。

気候面で見ると、この時代は温暖化によって日本列島は豊かな植物相が生まれるとともに、イノシシやシカなど敏捷《びんしょう》な中型動物が増えたため、いまよりも狩猟採集生活を送りやすかった。

これが縄文文化をより発展させた。

縄文時代ならではの特徴

縄文時代には、それを形づくる次のような特徴がある。

①縄文土器の使用
②竪穴住居、環状集落での定住生活
③自然の循環に則した高度な狩猟採集生活
④祭祀、土偶製作などに見られる独特の文化
⑤集団での争いがなかった時代

こうしたことに加えて、縄文時代にはクリや豆類などの半栽培や、漆器の発明、石器や装飾品に欠かせなかった黒曜石《こくようせき》を介しての地域間の交易、身分差のなかった社会などの特徴がある。

これらの特徴は、その後の弥生時代に引き継がれたものもあれば、消えてしまったものもある。

世界でも**狩猟採集生活と定住生活を両立させた地域というのはあまり見られない。**そういう点でも、日本列島の縄文時代は注目すべきユニークな時代と言えるだろう。

謎2

縄文時代は何年間、続いた？

──およそ一万四千年以上もの長きにわたる！

歴史を地質年代で見ると、旧石器時代は更新世（洪積世）、その後の中石器時代、新石器時代、そして現代に至るまでの期間は完新世（沖積世）に属する。

ホモ属登場から二百万年が過ぎたあとの、いまから一万数千年前、ヒトはやっと次の時代を迎える。それが新石器時代だ（中石器時代は旧から新への移行期）。諸説あるが、日本列島で縄文時代が始まったのは、この新石器時代の始まりとほぼ重なる。説によっては、縄文時代を中石器時代や旧石器時代から始まったとするものもある。

技術や研究が進み、新たな発見が次々と提示される現在、縄文時代の歴史を正確に述べるのは困難だ。本書の編集時点では、その始まりは約一万五千～一万六千五百年前という説が有力であり、約三千年前頃から約二千三百五十年前にかけて収束したとされている。**大雑把に数えても、一万四千年以上も続いたというのだから驚きである。**

これを長いと見るか短いと見るかは見方次第だが、国家としての日本の歴史が、神話上の人物とされる神武天皇から数えてもまだ二千数百年しか経っていないことを考えれば、「ものすごく長い」と言っていいだろう。

ではなぜ縄文時代が一万五千～一万六千五百年前から始まったとされているのか。

その理由は日本国内で発見された最古の土器が年代測定の結果、約一万五千～一万六千五百年前のものであると判明したからだ。青森県の大平山元《おおだいやまもと》遺跡から一九九八年に出土したこの土器は**世界最古級の土器**ではないかとも言われており、研究者の間ではこの土器をもって縄文時代の始まりと考えるのが、現在の通説となっている（異説もある）。

後期以降は加速度的に文化が進歩

一万四千年以上続いた縄文時代は大別すると、

- **草創期**（約一万六千五百～一万一千五百年前）
- **早期**（約一万一千五百～七千年前）
- **前期**（約七千～五千四百七十年前）

縄文時代の草創期から晩期まで

縄文時代は縄文土器がつくられ始めた約1万6500年前に始まり、1万4000年ほど続いた。

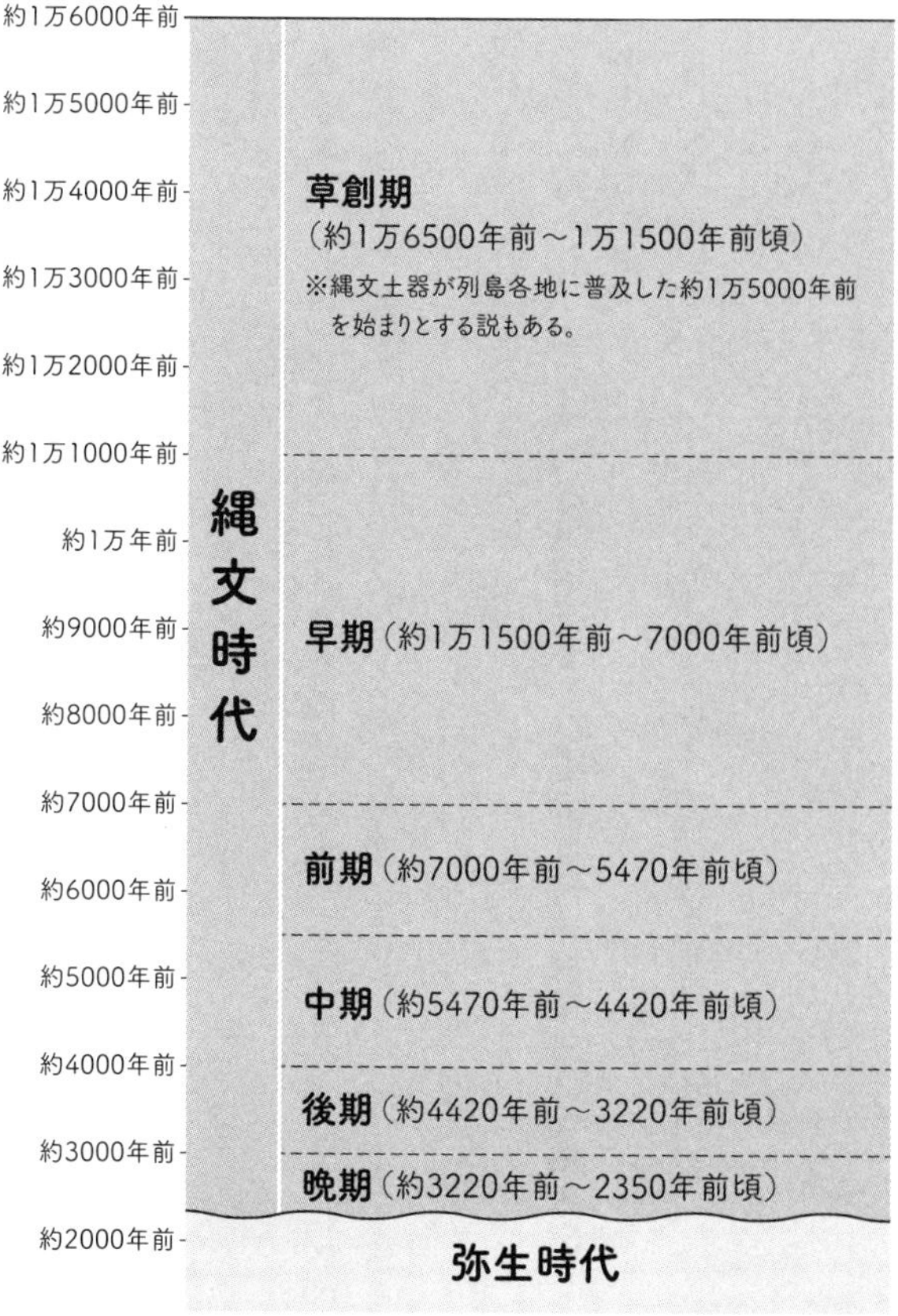
約1万6000年前
約1万5000年前
約1万4000年前
約1万3000年前
約1万2000年前
約1万1000年前
約1万年前
約9000年前
約8000年前
約7000年前
約6000年前
約5000年前
約4000年前
約3000年前
約2000年前
縄文時代
草創期
（約1万6500年前～1万1500年前頃）
※縄文土器が列島各地に普及した約1万5000年前を始まりとする説もある。
早期（約1万1500年前～7000年前頃）
前期（約7000年前～5470年前頃）
中期（約5470年前～4420年前頃）
後期（約4420年前～3220年前頃）
晩期（約3220年前～2350年前頃）
弥生時代

- **中期**（約五千四百七十～四千四百二十年前）
- **後期**（約四千四百二十～三千二百二十年前）
- **晩期**（約三千二百二十～二千三百五十年前）

の六つに分けることができる。

地域差もあるのできれいに分けることは難しいが、中期まではその歩みは比較的ゆっくりしており、人々は悠久たる時の流れのなかで自然に抱かれ、狩猟採集生活を続けていた。

それが変わり始めたのが後期。気候変動などにより、人々はそれまでの生活スタイルを変える必要に迫られ、**より技術を発展させた効率的な狩猟採集生活を編み出し、やがて稲作の導入へと至る。**

こうした技術の進歩は世の中に変化を促す。後期や晩期が草創期や早期に比べると短い期間なのはこのためである。

謎3

縄文時代の気温は？

——縄文早期は、現代より気温が二〜三度も高かった！

縄文時代の人々が現代人以上に気候の影響を受けていたことは想像に難くない。それ以前の旧石器時代は、いわゆる最終氷期（氷河期）と呼ばれる時代にあたり、地球の平均気温は現在より七、八度低かった。

氷河期は人間にとってはあまりいい時代とは言えなかったが、そのかわり海面が低く、縄文人の祖先となった人々が大陸から日本に渡るには都合が良かった。

縄文時代の草創期、長く続いた最終氷期は陰りを見せ始め、やがて五千年ほどのときをかけて温暖化へと転じてゆく。

地球の温暖化は縄文時代早期の約一万年前から本格的に始まり、前期頃にはピークを迎える。平均気温は現在よりも約二、三度高く、日本列島は「縄文海進期」という言葉が表すように海面が上昇し、いまよりも陸地面積が少なかった。

関東地方では東京湾は内陸深く、現在の栃木県栃木市あたりまで入りこんでいた。内海は貝類などの生息に最適で、沿岸部の人たちはタンパク質に事欠かなかった。

東北や北海道に縄文遺跡が多い理由

温暖化は植物相や動物相にも大きく影響した。カシワやクリといった木の実を落とす落葉広葉樹林が勢力を伸ばし、いっぽうで動物はイノシシやシカなど、現在も日本列島に暮らす中型種が栄えた。ただ、その代わりにナウマンゾウに代表される寒冷期の大型動物は姿を消すこととなった。

東北や北海道で縄文遺跡がよく見つかるのも、こうした温暖化と無縁ではない。現代だと「寒い」といったイメージの東北や北海道だが、縄文時代の狩猟採集民にとっては暮らすのにちょうどいい楽園だったのだ。

しかし温暖な気候が**縄文後期に入ると寒冷化してしまう。**中期に比べると寒さの増した日本列島で、縄文後期の人々は工夫をしながらその血脈をつないでいくこととなった。それでも全般的に見れば、縄文時代は人類史のなかでも地球が最も温暖な時代であり、自然の実りが豊かな日本列島は人々にとって非常に住みやすい環境であった。

縄文時代の関東

縄文時代は現代に比べ2度ほど平均気温が高く、気温の上昇を受けて海面の上昇が進み、内陸深く海が浸入。現在の荒川河口から70km離れた栃木県域まで海が入り込んでいた。

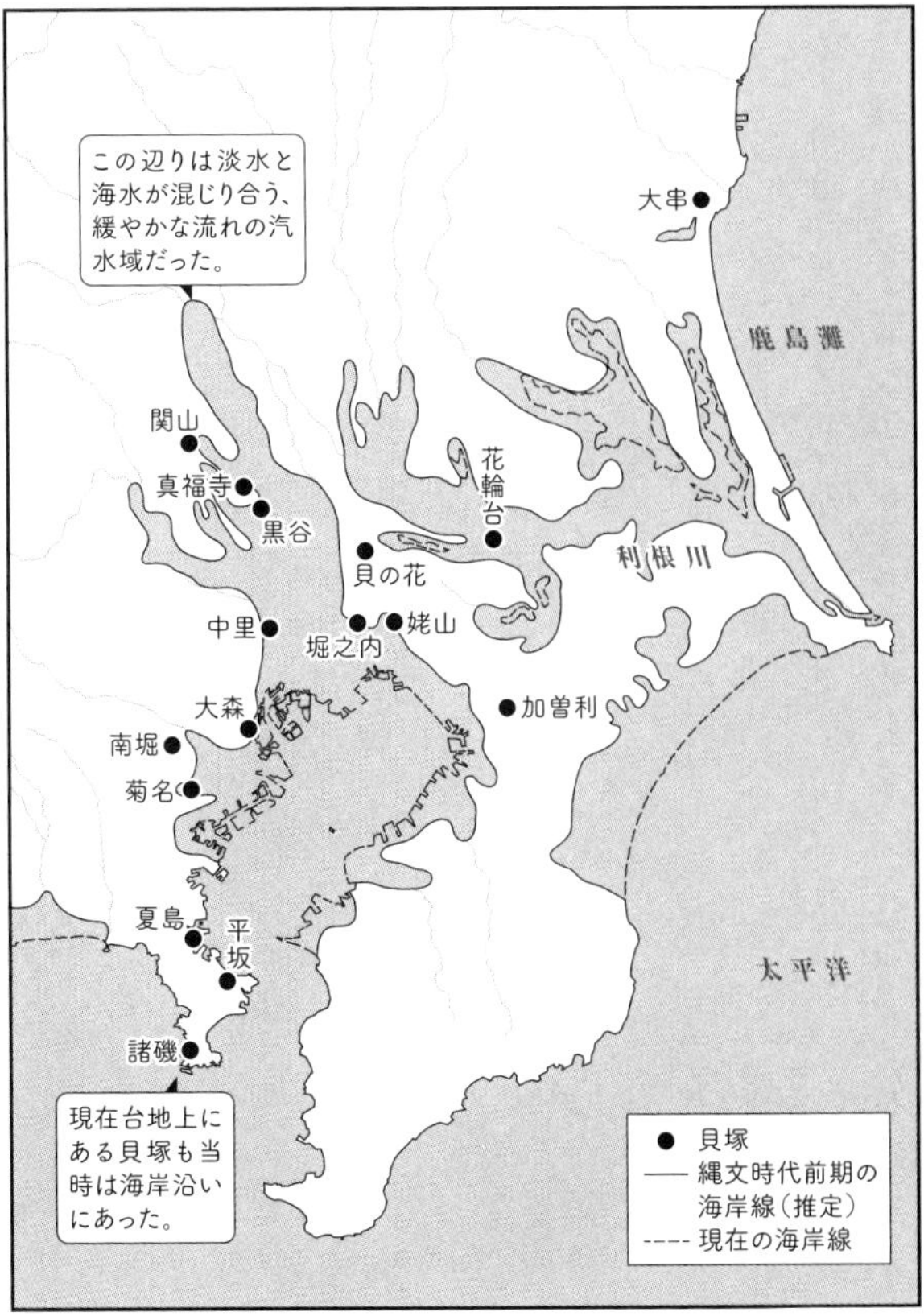

この辺りは淡水と海水が混じり合う、緩やかな流れの汽水域だった。
大串
鹿島灘
関山
真福寺
黒谷
花輪台
貝の花
利根川
中里
堀之内
姥山
加曽利
大森
南堀
菊名
夏島
平坂
太平洋
諸磯
現在台地上にある貝塚も当時は海岸沿いにあった。
貝塚
縄文時代前期の海岸線(推定)
現在の海岸線

謎4

縄文人は、どんな容貌をしていた?

――体は頑丈で顔の彫りは深く、体毛が濃い

縄文時代の人々はどんな容姿をしていたのか。

日本全土から過去に出土した約六千体分の人骨を調べると、次のような特徴が見えてくる。

- 男女ともにしっかりした頑丈な体格
- 彫りが深く、エラの張った顔立ち。鼻は高め。唇は厚め
- 二重まぶた。眉毛は濃い
- 上下の歯がぴったり合わさる噛み合わせ
- 体毛が濃い
- 腕は上腕が、足は膝から下(脛)が長め

平均身長は男性が百六十二センチ、女性が百四十九センチ。現代人は男性が百七十

縄文人の顔の特徴

縄文人は現代人に比べて彫りが深く、はっきりした顔立ちをしていたと考えられている。

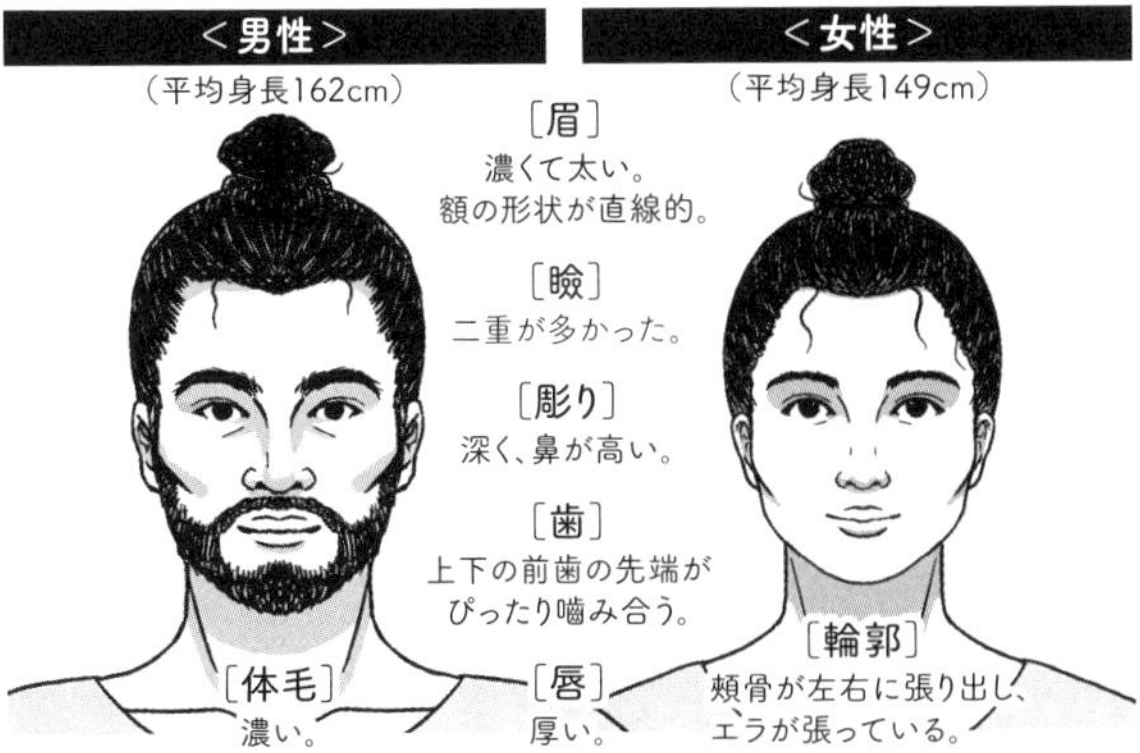
＜男性＞
（平均身長162cm）
＜女性＞
（平均身長149cm）
［眉］
濃くて太い。
額の形状が直線的。
［瞼］
二重が多かった。
［彫り］
深く、鼻が高い。
［歯］
上下の前歯の先端が
ぴったり噛み合う。
［輪郭］
頬骨が左右に張り出し、
エラが張っている。
［体毛］
濃い。
［唇］
厚い。

二センチ、女性が百五十九センチだから、身長は約十センチの差があるとはいえ、縄文人は腕や脚の筋肉が発達した例が多く、体格は現代人より縄文人の方がしっかりしていた。また、上腕と脛骨《けいこつ》が相対的に見て長い人が多かった。

もちろん、これは平均的な特徴であり、時代や地域によって身長や体格は異なる。それにプラスして個人差もある。

実際のところ、前期までの縄文人はここで示したよりも華奢《きゃしゃ》で小柄だった。**体格が立派になっていくのはもっぱら中期以降で、これは食料事情や住環境、気候などが影響している。**

また地域別で見ると、山間部の人々に比

べ沿岸部の人々の方が体格は良かった。これも食料事情によるものだ。縄文人の食料は生活にエネルギー（カロリー）が必要だったこともあり、でんぷん質が多かった（そのため大半の人は虫歯になった）が、魚介類などのタンパク質が摂取しやすい沿岸部の住人は筋肉が発達していた。

渡来ルートは主に四つ

では縄文人はいったいどこからやってきたのだろうか。

とはいえ、縄文人として完成した人々が日本へ渡って縄文文化を築いたわけではない。彼らの**祖先である旧石器時代の人々が日本へ渡来して土着し、縄文人となったのである。**

縄文人の先祖となる旧石器時代の人々が日本に渡来したのは、約四万〜三万八千年前といわれている。

それ以前の日本には原人が存在していなかったので、ホモ・サピエンスが日本列島に住み着いた最初の人類ということになる。

渡来コースは主に四つ。

①シベリアから樺太（サハリン）を経由して北海道・本州へと渡るルート
②シベリアから沿海州、朝鮮半島を経由して山陰、九州北部へと渡るルート
③黄河の中・下流域から朝鮮半島を経由して山陰、九州北部へと渡るルート
④大陸、東南アジア、台湾から南西諸島を経由して九州へと至るルート

が推定されている。

数的には①～③のいずれかで渡ってくる人が多かったとされている。渡来は言うまでもなく一度に行われたものではなく、長い年月の間に幾度も繰り返された。そうしたなかで縄文文化が生まれる土壌がつくられていったのである。

謎5 縄文時代は、どんな文化圏に分かれていた?

——土器の形状などから、六つの文化圏に分けられる

縄文時代の見方として、草創期から晩期に至るまでの時間軸のほかにもうひとつ、**地域による違い**に着目するという見方がある。

東西に長い日本列島は、北海道から沖縄（本島）まで直線距離でも約二千五百キロメートルある。物流の発展した現代は北海道でも沖縄でも簡単に同じものが手に入るし、移動も飛行機に乗れば数時間で済む。

しかし、縄文時代はそうはいかなかった。

縄文時代は、最近になって過去のイメージよりも地方間の交易がさかんに行われていたことがわかってきているが、それでも現代と比べると人の行き来ははるかに少なく、日本列島には同じ縄文時代にあって異なる文化圏がいくつか存在した。

どこにどんな文化圏があったのかは、各地の遺跡から出土する土器や石器などを見

れば、だいたいのところがわかる。その形状などから見ると、縄文時代の文化圏は、
①南部を除く北海道
②北海道南部から北東北
③南東北、北関東の太平洋沿岸部
④関東地方と中部地方
⑤北越、近畿から中国・四国地方
⑥九州地方以南
の六つに分かれていたのではないかといわれている。土器の多様化は縄文前期から中期にかけて広がったもので、詳細に区分けすれば、この数はもっと増えるかもしれない。

地域によって食料事情も異なっていた

異なる文化圏が存在した縄文時代の日本。それぞれの地域は、そこでとれる食べものも違った。

出土する人骨を調べると、たとえばコラーゲンの窒素炭素同位体比などからその人

が何を食べていたかがわかる。

北海道の住人の場合は**海産物やアザラシなどの海獣**を食料とし、山の多い中部地方の住人は**木の実**が主食だった。

比較的恵まれていたのは東北・関東地方の住人で、こちらは**海産物や陸上の動物、木の実や根茎類など**で豊富な栄養分を得ていた。

九州や四国地方は関東・東北に比べると人口が少なかったものの、食料については東北・関東に準じたバランスの良い栄養分摂取が可能だったらしいとわかっている。

こんなふうに食べるものが違えば、寿命や体格などにも差があっておかしくない。

複数の異なる文化圏が存在した縄文時代の日本。

だが、縄目のついた縄文土器や土偶などの縄文時代を特徴づけるものは日本国内以外では発見されていない。

縄文時代の日本とは、地域ごとにそれぞれに特色を持ちながらも総体としてはひとつの共通した文化にまとまっていた、そういう場所であったのだ。

土器別で分けた日本列島地図

縄文時代の早期頃から土器には地域性が芽生え、中期には大きな差がみられるようになる。そうした土器の形状から、日本列島には複数の文化圏が成立していたと考えられている。

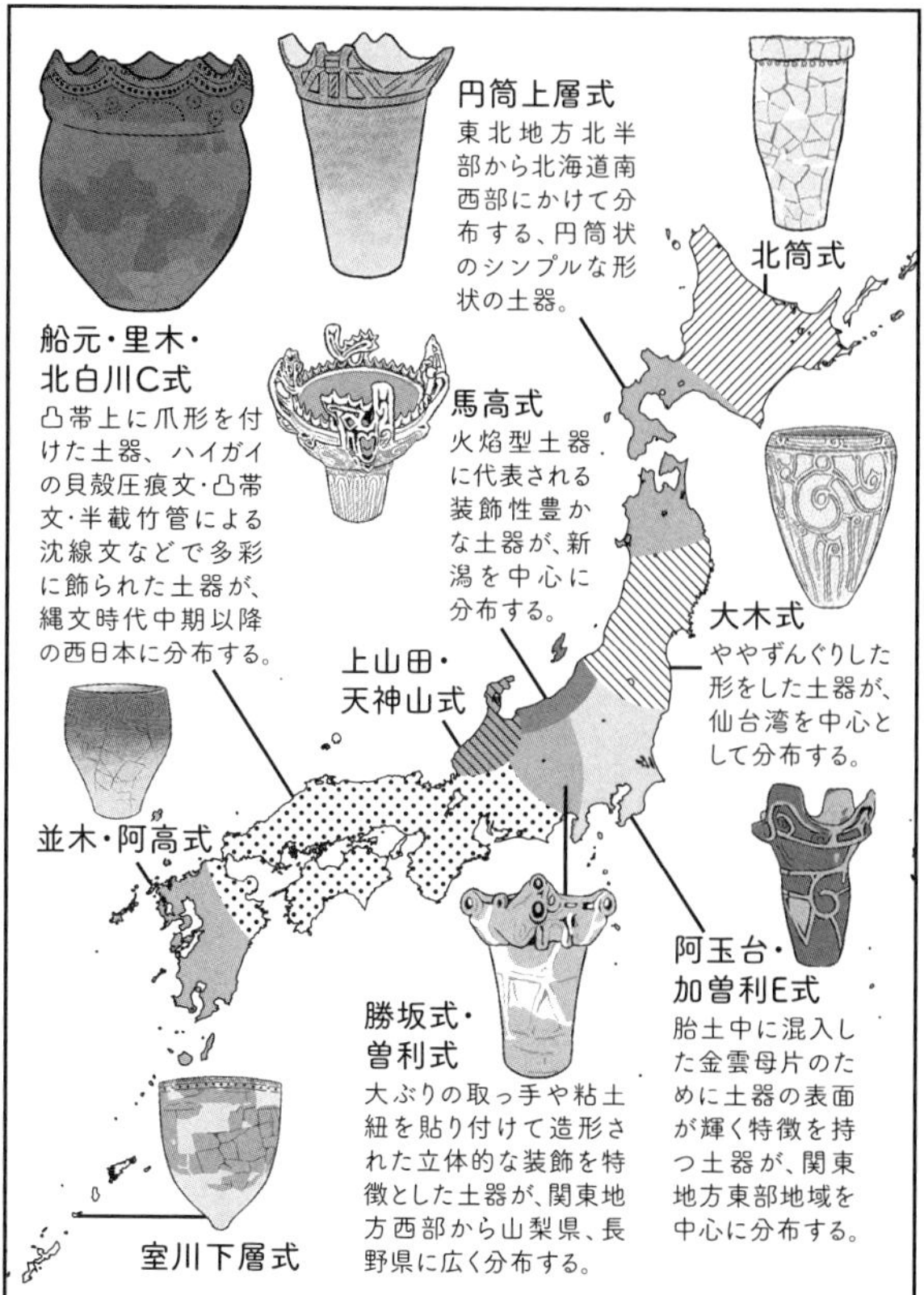

円筒上層式
東北地方北半部から北海道南西部にかけて分布する、円筒状のシンプルな形状の土器。
北筒式
船元・里木・北白川C式
凸帯上に爪形を付けた土器、ハイガイの貝殻圧痕文・凸帯文・半截竹管による沈線文などで多彩に飾られた土器が、縄文時代中期以降の西日本に分布する。
馬高式
火焔型土器に代表される装飾性豊かな土器が、新潟を中心に分布する。
大木式
ややずんぐりした形をした土器が、仙台湾を中心として分布する。
上山田・天神山式
並木・阿高式
阿玉台・加曽利E式
胎土中に混入した金雲母片のために土器の表面が輝く特徴を持つ土器が、関東地方東部地域を中心に分布する。
勝坂式・曽利式
大ぶりの取っ手や粘土紐を貼り付けて造形された立体的な装飾を特徴とした土器が、関東地方西部から山梨県、長野県に広く分布する。
室川下層式

謎6

縄文時代の人口は増えた？　減った？

――増加の一途をたどった人口が、晩期に急減！

総務省の統計では、日本の総人口は約一億二千四百万人となっている。では、縄文時代の日本の人口はどれくらいあったのだろうか。

遺跡などの調査から、縄文時代の人口は大雑把に見て左のような数だったことがわかっている。

- **早期　二万人**
- **中期　二十六万人**
- **晩期　八万人**

縄文時代早期、日本の人口はわずか二万人しかいなかった。これはなかなか衝撃的な数字である。寒冷だった草創期はおそらくもっと少なかっただろうし、旧石器時代となると数百人、あるいは数えるほどだったかもしれない。旧石器人にしても縄文人

山梨県北杜市の金生遺跡。八ヶ岳南麓に位置する縄文晩期の集落遺跡である。

にしても、よくぞ過酷な環境を生き延びたものだと感心したくなる。

早期に二万人しかいなかった縄文人が中期には二十六万人と十三倍にも増えたのは、第一に温暖化という気候の変化が関係している。縄文中期、温暖化の恩恵を受けた縄文人は豊富な食料のおかげで勢力を拡大した。人口の九割以上が東日本に分布するという大きな偏りも、この時代の特徴である。

縄文時代の日本は人口大国!?

現在でいうと、二十六万人というのは少し大きめの地方都市ひとつ分しかない。

とはいえ、世界的に見てもこれだけの人口密度があった国（厳密にはまだ国ではなかったが）はそれほど多くはない。

紀元前五千年頃の世界人口はおよそ五百万～一千万人程度であったという。ある統計では、一位は中国で二百七十九万人、二位がインドで二百五十二万人とされている。単純に中国やインドと比較すると、その人口差の割合は現在とあまり変わらない印象だ。そういう意味で、縄文時代の日本はそこそこの人口大国だったといえる。

ところが、中期に二十六万人いた人口が晩期になると八万人と急減している。

これは**寒冷化**のためだ。後期初頭の四千二百年前頃から地球規模で気温が下がり始め、食料事情が悪化。食料不足から縄文人は数を減らしてしまう。集落は衰退し、現在の過疎地のように最後には誰もいなくなってしまった場所もあった。

減少した人口が再び増加に転じるのは、弥生時代に入ってからだ。

稲作による食料の安定確保は、再び日本列島に活気をもたらした。

しかし、そこに至るまでの約二千年間、縄文人は住みにくくなっていった日本列島で知恵を絞って生きていかねばならなかったのだ。

謎7 縄文人は、どんな言葉を話していた？

――「てにをは」や動詞の時制がなかった！

人類のなかでもっとも言語能力が発達したのは、いうまでもなくホモ・サピエンスである。縄文人も現代人と同じホモ・サピエンスであるからには、言葉を操り、コミュニケーションを取っていたことは想像に難くない。それはいわば古代の日本語と呼ぶべきものであり、我々が使う日本語の源流に当たるといえるだろう。

いったい彼らは、どのような「日本語」で会話をしていたのだろうか？とはいっても、文字のなかった縄文時代の言語を正確に再現するのは不可能だ。しかしある程度なら類推することはできる。

縄文人の祖先が北東アジア、東南アジアから来たことを考えれば、そのもととなったのはそれぞれの地域で話されていた言葉だろう。それが日本列島内で独自に発達してできたものをここでは縄文語とみなすことにする。

縄文時代は、いまよりも人の行き来が少なかった。しかし、地域や集落をまたいでの婚姻や交易があったことを考えれば、人々はある一定の共通言語を話していたとみられる。それにプラス、同じ集落内など、近しい者同士で話す方言もあっただろう。

それは、どんな言葉だったのだろうか。

有力なヒントとなるのが**アイヌ語**だ。弥生文化の影響を強く受けた本州の人々と違い、**北海道のアイヌ文化には縄文文化の影響が色濃く残っている。**いまも伝わる**アイヌ語には「てにをは」や動詞の時制（過去形、現在形、未来形）がない。**これは縄文時代から変わらないものだろう。

文字になって残っている縄文語がある!?

北海道をはじめ、日本各地にはアイヌ語の地名が残っている。これはアイヌ語以前の縄文語であった可能性が高い。名詞や動詞、文法に関していえば、縄文語の多くが現在のアイヌ語に残されているとするのが妥当だ。

大きな身分差や争いの少なかった縄文時代には、尊敬語や謙譲語はなかったか、あってもごくわずかだった。日本人がそうした高度な言語を操るようになったのは弥生時代に入ってからだ。

弥生時代に入ると、もともとあった縄文語に大陸からきた人々の言葉や文法が加わったと考えられる。動詞の活用も生まれた。それが日本語のもととなったのである。

やがて古代期に言語は文字に記されるようになった。

そうした古代語には縄文時代から使われていた言葉が相当含まれているはずだ。たとえば数の数え方も、一説には**縄文人は古代語にある「ひ、ふ、み（一、二、三）」という数え方をしていたのではないか**といわれている。

いまよりもシンプルな社会であった縄文時代。言語もいまよりシンプルなものだったと想像される。

謎8

縄文人は、どんな信仰を持っていた？

――森羅万象に精霊が宿ると考え、集団での祭祀も

いまも昔も人間はお祭りが大好きだ。縄文人もそれは変わらなかったらしい。

縄文時代の集落では、さかんに祭祀が行われていた。

縄文時代早期後半から、**早くも集落内には集団墓地が営まれ、死者の再生を願う葬送祭祀が始まっている。**また、狩りの獲物を捧げて**豊猟を祈る祭祀**も行われていた。貝塚でも壊れた道具や動物の骨を捨てるとともに、獲物の再生、ひいては豊饒《ほうじょう》が祈られた。さらに中期後半の東日本では、屋内に祭壇が置かれる事例も出てきて、家庭ごとの祭祀が定着している。

縄文人の祭祀において、祈りの対象となっていたのが「**精霊**」という存在だ。自然に依存する環境で生活していた縄文人は、**森羅万象、すべての万物に精霊が宿ると考えていた。これを「アニミズム」という。**

縄文人の祭祀の場であったストーンサークル。大湯環状列石は、その代表的存在である。

ストーンサークルの出現

やがて寒冷化に伴って集落が分散した後・晩期になると、**同じ共同体内の一体感を高めるための祭祀**がさかんになる。

東北地方の縄文集落に、秋田県の大湯《おおゆ》環状列石に代表されるストーンサークルを備えるものが登場するのもこの頃のことだ。

環状列石とは、数十個の石を直径三十～四十メートルの円形やひし形に並べた配石遺構で、内側の内帯と外側の外帯の二重の円状に石が置かれたもの。外帯の一部は途切れ、幅二メートル程度の両端に石が並ぶ通路が外に伸びている。

こうした環状列石は、中期後半から後期

にかけて東日本に出現した。配石の下に墓穴や土器棺があることから、配石墓の集合体であり、**葬送の場**とわかる。

環状列石からは土偶や石棒などのさまざまな呪術具が多数出土しており、環状列石は**単なる共同墓地ではなく、祭祀の場であった**とも考えられる。

また、環状列石の構築には多くの人力が必要であるため、周囲の集落と共同で作業が行われたと推測される。

縄文時代後期という時期は、集落の分散と小規模化が起こった時期にあたる。周囲の集落に暮らす人々は、祖先をひとつにする集団だった可能性が高く、この作業と祭祀を共同で行うことにより、**集団としての絆を確認し、一体感を高めていった**のではないかと考えらえる。**弥生時代になると精霊信仰は祖霊信仰へと融合していく**が、その萌芽として見ることもできるかもしれない。

また、こうした祭祀は、やがてただ祈るだけの場ではなく、**人々が集う祭りの場へ**と変化していった。

祭りがどのくらいの頻度で開かれたのかは不明であるが、おそらく現代に伝承される祭りのように、人々にとっては晴れやかな行事だったに違いない。

祭りの場は人と人との出会いの場であり、集落同士の絆が生まれる場であった。異なる集落の男女が出会い、そこから婚姻関係が結ばれることもあった。祈るだけでなく、歌ったり、踊ったりといった芸能的な催しも行われていたと考えられている。

それらの根底には、自分たちを守り育んでくれる**自然への感謝と畏敬の念**が流れているといえるだろう。

第2章 縄文人って、どんな人たち？

謎9

縄文人の家族は、何人で暮らしていた？

――三世代六人前後で同居、メンバーはよく入れ替わる

一万年の昔、「家族」はどんな姿をしていたのだろうか。ひとつの家族には父母がいて、子どもがいた。それは現代と変わらない。ここではとりあえず、縄文人の住宅である竪穴住居に共同で暮らしていた人々を家族として考えたい。

平均的な竪穴住居の大きさは十二畳ほど。そこで暮らすことができたのは五、六人程度だったと思われる。ともに暮らしているのは、血縁者（家族）が中心。父母と子ども、または祖父母とその子と孫という三世代といったところだろう。父母の未婚の兄弟姉妹が一緒にいたケースもあったはずだ。

人骨の埋葬状況などから、縄文時代は**母系社会**であり、男性が婿に入って妻方に住む婿入り婚、もしくは通い婚だったという説もある。

東日本では後期中葉までに嫁入り婚へと移行したと考えられているが、いずれにせ

よ、想像できるのは、縄文時代はいまよりも**家族の顔ぶれが目まぐるしく変わった**ということだ。縄文人の平均寿命は三十歳程度。長生きする人は六十歳、七十歳と生きたが、なにしろ乳幼児の死亡率が高かった。そんな事情から、縄文人の家庭は大人よりも小さな子が多かったと想像される。

メンバー交替が多かった縄文人の家族

大勢いる子どものうちで無事に成長するのは、時期にもよるが三分の一から半分程度。縄文人は葬儀の際に**死者の再生**を願ったというが、そうでも思わないことには子を失うという辛さを乗り越えることができなかったのだろう。

もちろん、成人したとしても若いうちに病気や怪我で落命する人は少なくなかった。若くしてパートナーを失った男女は別の相手と再婚もしたことだろう。ほかにも、子どもが成長して家を出て行くケースも多かったはずだ。

このように、ひとつの世帯のなかでメンバーが入れ替わることは珍しくなかった。現代社会においても、死別や離婚、子の独立、再婚、養子縁組などで家族の構成が変わることは少なくない。縄文の社会はそれがもっと顕著だったのである。

謎10

縄文人は、どんな一生を送っていた?

――誕生から成人、結婚、そして老いに至るまで

前の項目でも述べたが、縄文人の平均寿命は三十歳程度であった。三十歳とはずいぶん短く感じるが、実際に三十歳前後で死んだ人自体はそう多くはなかった。**平均寿命が短いのは、幼くして亡くなる子どもが多かったからだ。**無事に成人しさえすれば四十歳、五十歳、人によっては六十歳以上の高齢まで生きた人もいた。

さて、縄文人はどんな一生を送ったのだろうか。

縄文時代の出産は、当然ながらいまよりも危険だった。あくまでも想像の範囲内だが、出産は産婆のような女性の助けを借りて行われたはずだ。当時の出産は座位で、とくに初産では母子ともに死亡してしまうケースも少なくなかった。

なんとか無事にこの世に生まれることができれば、あとは感染症などに脅かされな

がらも育つ子は育った。東京都八王子市の宮田遺跡から出土した**「子抱き土偶」**を見ると、母親が幼子を抱いている姿が表現されている。また、青森県の大石平遺跡《おおいしたい》からは子どもの手形や足形がついた土板が出土している。これらの遺物からは**縄文の人々が子どもたちを慈しみ、その成長を祝っていた**ことがうかがわれる。

成人式の儀礼(抜歯)を経て結婚へ

五、六歳になると、男の子は父親から**狩り**などの食料確保の方法を、女の子は母親から**土器の製作**などを学び始める。そして十二歳から十六歳くらいまでの思春期に成人式を迎える。

東海以西の地域では、出土している人骨から、**成人の儀礼として犬歯を抜歯《ばっし》していたこと**がわかっている。同じように**抜歯は結婚のときにも行われており、**下の左右の犬歯や真ん中の四本を抜くなどしていたようだ。

こうした抜歯はシャーマン(呪術師)が行い、道具としては木槌や紐などを使ったと考えられている。非常に痛いだろうし、現代人の感覚からすると、なにもわざわざ歯を抜いて不便な生活を強いなくてもいいのにと思ってしまう。しかし縄文人にとっては、**その痛みに耐えて歯を失うことが大人になった証し**だったのだ。

祭祀を司る呪術師に至ってはもっと過酷で、抜歯だけではなく歯をフォークのように削る叉状《さじょう》研歯という処理をしていた。

成人した男女は、一般的に、親など周囲の年長者の決めた相手と結婚した。違う集落の者同士が結婚することも珍しくはなかったが、自由恋愛というわけにはいかなかったようだ。これはそれぞれの集落の結びつきを強めるという意味があるだけでなく、互いの土地にない物産品を交換しあったりするうえでも都合が良かったからではないかと考えられている。

どちらかというと、男性の方が生まれ育った集落を出て女性側の集落に移ることが多かったようだが、逆のケースもあった。

長寿者の秘密は歯を見ればわかる

結婚後の生活は、いそがしいながらも充実した日々であったはずだ。

男性は集落の一員として狩猟に精を出し、女性は子育てをしながら土器や土偶、そのほかさまざまな道具をつくった。もちろん、男女ともにほかにもやることは山ほどあった。

怪我や大病に見舞われることがなければ、そのまま年齢を重ね、やがては一線を退いて集落の長老的な立場におさまった。年老いた者は若い人たちから尊敬され、子どもたちに伝承などを語った。

縄文人の人骨を見ると、**高齢者ほど臼歯が摩耗している。**現在もそうだが、長生きしている人の多くは丈夫な歯を持っている。個人の寿命差は、咀嚼《そしゃく》力の差でもある。よく噛んでたくさん食べることができれば、それだけ栄養分が摂取でき、長生きにつながった。

そう考えると、もし抜歯の習慣がなければ、縄文人の寿命はもう少しのびたのではないだろうか。だとしたら何とも惜しい話ではある。

謎11

縄文人は、どんな集落を構成していた？

――三内丸山遺跡では、最大なんと五百人で集団生活！

ホモ・サピエンスのひとつの特徴が**大人数での集団生活**だ。

ネアンデルタール人が多くてもせいぜい十数人程度で集団生活を営んでいたのに対し、ホモ・サピエンスは数十人、数百人で生活することができたため、それが高度な社会性の獲得や生活に必要な技術の発展へとつながった。

縄文人の生活も例外ではない。全国に見られる遺跡は縄文人が集団で暮らしていたことの証しでもある。

集団生活の最たる例が青森県の**三内丸山《さんないまるやま》遺跡**だ。前期から中期まで約一千五百年間にわたって人が住み着いていたというこの縄文時代の「都市」には、最盛期で約五百人の人々が同時に暮らしていた。こうした大規模集落では、たとえばクリの半栽培などに住人それぞれ役割が割り振られて、分業制が進んでいたと考えられる。

縄文時代の集落構成

縄文時代の集落は、祭祀の場となる広場、墓域を中心とし、その周囲を囲むように竪穴住居が、さらにその外周には貯蔵穴が円環的に配置されていた。

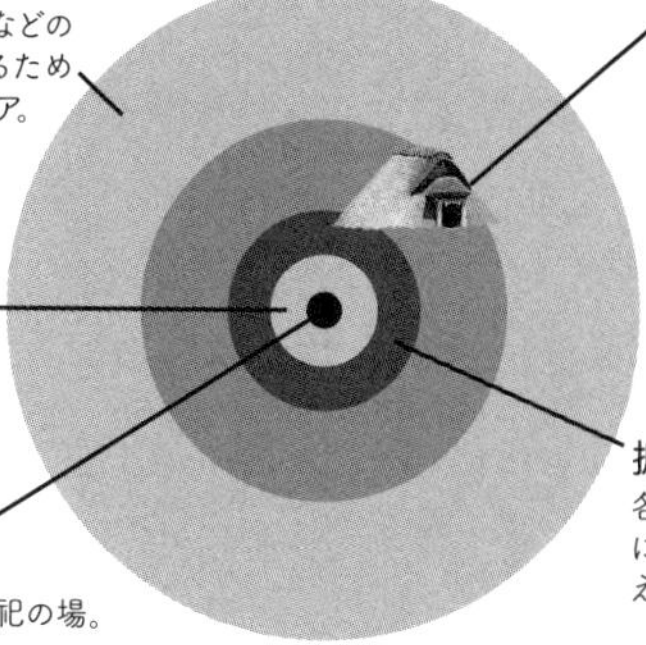

貯蔵穴
採取したドングリなどの木の実を保存するための穴を掘ったエリア。
竪穴住居
縄文人の居住空間。広場を囲むようにして並び、家族ごとにいくつかのブロックを形成していたようだ。
墓域
祭祀の重要な場で、長期にわたる定住生活の証しともなる。
掘立柱住居
各種の作業や祭祀に用いられたと考えられる建物。
広場
集落の祭祀の場。

二十～五十人が暮らす環状集落

三内丸山遺跡のような大規模な拠点集落の周辺には、小さな集落が散在していた。

祭祀の際などは周辺の小規模集落から人々が拠点集落に集まり、広場で祈祷や儀式などを行った。人の多い場所には人が集まるというのは、縄文時代も現代も変わりはないのだ。

大規模集落を除く平均的な集落は、小さなものだと四つか五つの竪穴住居で形成されていた。そうした集落を代表するのが、**真ん中に祭祀を行う広場や墓域があり、その周りを竪穴住居が囲む環状集落**だ。

ひとつの住居に五人から十人程度が住ん

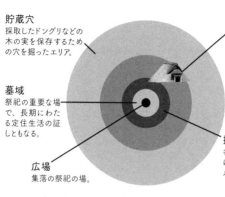

でいたと考えると、四つか五つの住居数でも集落の人口は二十〜五十人。これだけの人数であれば、やはりそれぞれに役割分担があったことだろう。

また、何らかの理由で土地を移動する必要が生じたときでも、この程度の人数であれば比較的動きやすかったはずだ。

とくに草創期や早期はそれ以降に比べて定住化が進んでおらず、いくつかの場所を移動して暮らしていた人たちも少なくなかった。

やがて定住化が進むと、環状集落のなかにも大きなものが現れ、広場を数十軒の家々が囲むような拠点集落が生まれていった。

機能的だった集落のつくり

集落は縄文時代に入った当初、台地の上に開かれることが多かった。条件は川などの水場がすぐ近くにあること。とはいえ、水害は避けたいので小高い台地を選んで住んでいた。こうした台地の土質は竪穴住居をつくるのに向いていたのだ。

後期になると、集落は台地より低い沖積地に開かれることも増えた。ただし、沖積地の土質は台地ほど竪穴住居に適していないので、掘立柱《ほったてばしら》建物が住居として使われた可能性が高い。

集落内とその周りには、住居だけではなく**木の実などの貯蔵穴や貝塚、土器や道具製作のための作業場、水場などがあった。**また集落に隣接する形でクリや大豆など、半栽培される植物の林や群生地もあった。

謎12

縄文人の子どもは、どんな遊びをしていた？

――小さな土器でままごと遊び、ペットの犬とも遊ぶ

縄文時代の子どもは過酷な環境にあった。ろくな医療もない時代のこと、生まれた子の半数以上は病気で亡くなっていた。生き延びて成長した子は、それだけでたくましく、運の強い子だったといえる。

現代の子どもと違い、縄文人の子どもにはゲーム機もユーチューブもなかった。もっとも、子ども特有の好奇心や活発さは現代の子ども以上にあったかもしれない。鬼ごっこやかくれんぼのような遊びはよくしただろうし、花を摘んだり、虫をつかまえたりといったことも楽しんでいたはずだ。

五歳を過ぎると、男の子は父の仕事を見て、女の子は母の真似をして育った。大人たちのすることを目で見て覚えて、石器づくりや土器づくりなど、さまざまな技術を習得していった。ある程度成長すれば大人たちの狩りや漁労に同行できたし、植物の

藤原観音堂貝塚から出土した縄文後期の犬の骨をもとに復元された模型。体高は40cmほど。（船橋市飛ノ台史跡公園博物館所蔵）

採集にも出かけたはずだ。ここでは学びと遊びが一緒だった。

縄文土器の中には**「袖珍《しゅうちん》土器」**と呼ばれる小型の土器がある。

実生活で使うには小さ過ぎるため、祭祀で使われたと考えられているが、**子どもの玩具だったのではないか**と考える研究者もいる。小さな土器はままごと遊びにぴったりだし、子どもが大人のつくるものを見様見真似でつくったものという可能性もある。

ペットと暮らしていた縄文人

縄文時代の子どもたちはペットと遊んでいた可能性も非常に高い。

その根拠は、縄文遺跡から多数の犬の骨

が見つかっているからだ。そうした縄文犬たちは、人々とともに大陸から日本列島へ渡ってきたと考えられている。

縄文犬は現代の犬よりも顔の凹凸が少なかった。柴犬などに見られる、日本犬の特徴がすでにこの頃からあったのだ。

飼い主に忠実で勇敢な犬たちは縄文人にとって大切なパートナーだった。狩りの相棒に、集落を守る番犬に、そして子どもたちの遊び相手に、犬たちはまさに大活躍だったのだ。また一部ではあるが、集落によっては犬を食用としていたらしいこともわかっている。

犬が大切に扱われていたのは、その埋葬の仕方からわかっている。**出土する犬の骨はだいたいすべての部位が揃っていて、なかには人骨と隣り合わせに埋められていたものもあるのだ。**縄文人も現代人と同じように、犬を家族と同等に扱っていたことがうかがえる。

弥生時代に入ると、新たに朝鮮半島などから別の犬が日本列島に入ってくる。そうした犬たちと混血してできた弥生犬が、現在の日本犬の祖先である。

DNAを解析すると、本州や四国、九州の日本犬は弥生犬の特徴が目立ち、北海道犬と琉球犬には縄文犬との共通点が多いという。

弥生時代、大陸から来た犬たちは本州や九州には広がったが、北海道や沖縄にまでは行かず、そのおかげで縄文犬の血が失われることなく受け継がれてきたのだろう。

調べてみると、犬の歴史もなかなか興味深いものだ。

謎13

縄文人は、死者をどのように埋葬した?

――「屈葬」には死者の再生の願いが込められている

縄文時代に火葬はなく、人々は、亡くなったら土中に埋葬されるのが常であった。墓所は、環状集落であれば中央広場の一部であることが多かったようだが、集落の入口付近やはずれなど、それ以外の場所に埋められることもあった。

興味深いのは遺体の扱いだ。縄文人は誰かが亡くなると、**膝を折って屈んだ状態にしてから地面に掘った穴に埋めていたのである。**これを「屈葬《くっそう》」という。

屈葬は北海道から九州まで見られ、とくに北海道の北部では「体育座り(三角座り)」のように膝や肘をきつめに曲げた強屈葬が行われていた。

唯一、例外は関東地方と中部地方で、この地域では普通に体が横たわった状態の「伸展葬《しんてんそう》」が広まっていた。他に東海地方や九州などでは「屈葬」と「伸展葬」の両方が行われていたことがわかっている。

「屈葬」に込められた縄文人の思い

現代人の目には「屈葬」は見るからに窮屈な印象を受ける。なぜ縄文人は「屈葬」をしていたのか。推測される理由は主に三つある。

①死者の霊が抜け出して災いを招かないように、**封じ込めの意味で膝を折った。**
②母親の胎内にいる胎児と同じ姿勢にすることで、**死者の生命の再生を願った。**
③「屈葬」にすることで墓穴を小さくし、**土を掘る労力を節約した。**

いかがだろう。どれも妥当だといえるのではないか。

科学技術が格段に進歩した現代でも、人々は信仰心を失っていない。縄文の人々が幽霊の存在や、魂の再生を信じていたとしても、まったく不思議はない。

その証拠に、たとえば新生児や乳児の遺体は土中に直接ではなく、母親の胎内を象徴する土器棺の中に屈んだ姿で入れられて埋葬されていた。しかも、共同の墓地ではなく住居近くに埋められており、失われた命の再生を願う親心もうかがえる。

再埋葬（合葬）で祖先を崇拝

こうした埋葬は基本的に一人ずつ行われていたが、縄文後期の遺跡には**複葬**の痕跡も見つかっている。

複葬とは一度埋葬した人骨を掘り起こして、別の場所に再埋葬することで、縄文人の場合、掘り起こした複数人分の人骨を同じ場所に集めて合葬することが多かった。

そうした墓所で**過去に生きた人々を弔うことで、縄文人は祖先を崇拝していた**のだ。同時に、先祖を思うことで生命の循環を意識し、その流れの中にいる自分自身を見つめたのかもしれない。

命は自然の中で循環する。それが縄文人の死生観だった。

謎14

縄文人は、どんな交易をしていた？

――丸木舟を活用して日本列島内や大陸とも行き来

まだ貨幣の製造も流通もしていなかった縄文の昔、人々はほかの地域と交易をしていたのだろうか。

答えは「イエス」だ。

いつからかははっきりわからないが、縄文人は婚姻などでつながりのあった近隣の集落同士で、それぞれが持っていない物産品を物々交換していた。土器や石器、さまざまな道具類、そこでしか得られない食料などをどちらかがどちらかに運んでは、友好的に取り引きしあっていた。分業制がある程度進んでいた時代だけに、集落内にはそうした物々交換を担当する人間がいたのかもしれない。

そうした集落と集落同士のネットワークは、時代が進むと驚くほど遠方にまで広がった。それを証明するのが**黒曜石《こくようせき》やサヌカイト（讃岐石《さぬきいし》）、ヒスイ**などの輝石類《きせきるい》だ。

これらの特殊な石は、黒曜石であれば伊豆七島の神津島《こうづ》や箱根、信州の和田峠、サヌカイトならば香川県の白峰山《しらみね》、ヒスイならば新潟県の姫川流域といったように産地が限られている。それにもかかわらず、全国の縄文遺跡から鏃《やじり》として加工された黒曜石や装飾品になったヒスイが発見されている。これは縄文人が広域にわたって交易を行っていた証拠となる。

黒曜石やヒスイは、現物のまま取り引きされた可能性もあるが、加工されてから出荷されることも多かったようだ。

たとえば、伊豆の見高段間《みたかだんま》遺跡は神津島で採れる黒曜石の集積地であり、ここで加工されたものが関東中部、ときには北海道や北東北にまで運ばれていた。輝石類に限らず、集落によっては鏃や装飾品など、交易に使う物品を大量生産し、ほしいものと交換していた。

縄文中期には、貝殻だけが大量に埋められた**「ハマ貝塚」**を持つ集落も登場する。ここには火床《ひどこ》が存在し、集落の消費量を上回る貝殻が埋められていたことから、干し貝など交易を想定した特産品を生産する工場であったと考えられている。

縄文人の活発な経済活動の一端をうかがい知ることができる。

縄文人の広大な交易圏

黒曜石やヒスイなどの分布状況を調べると、当時の交易圏を浮き彫りにすることができる。

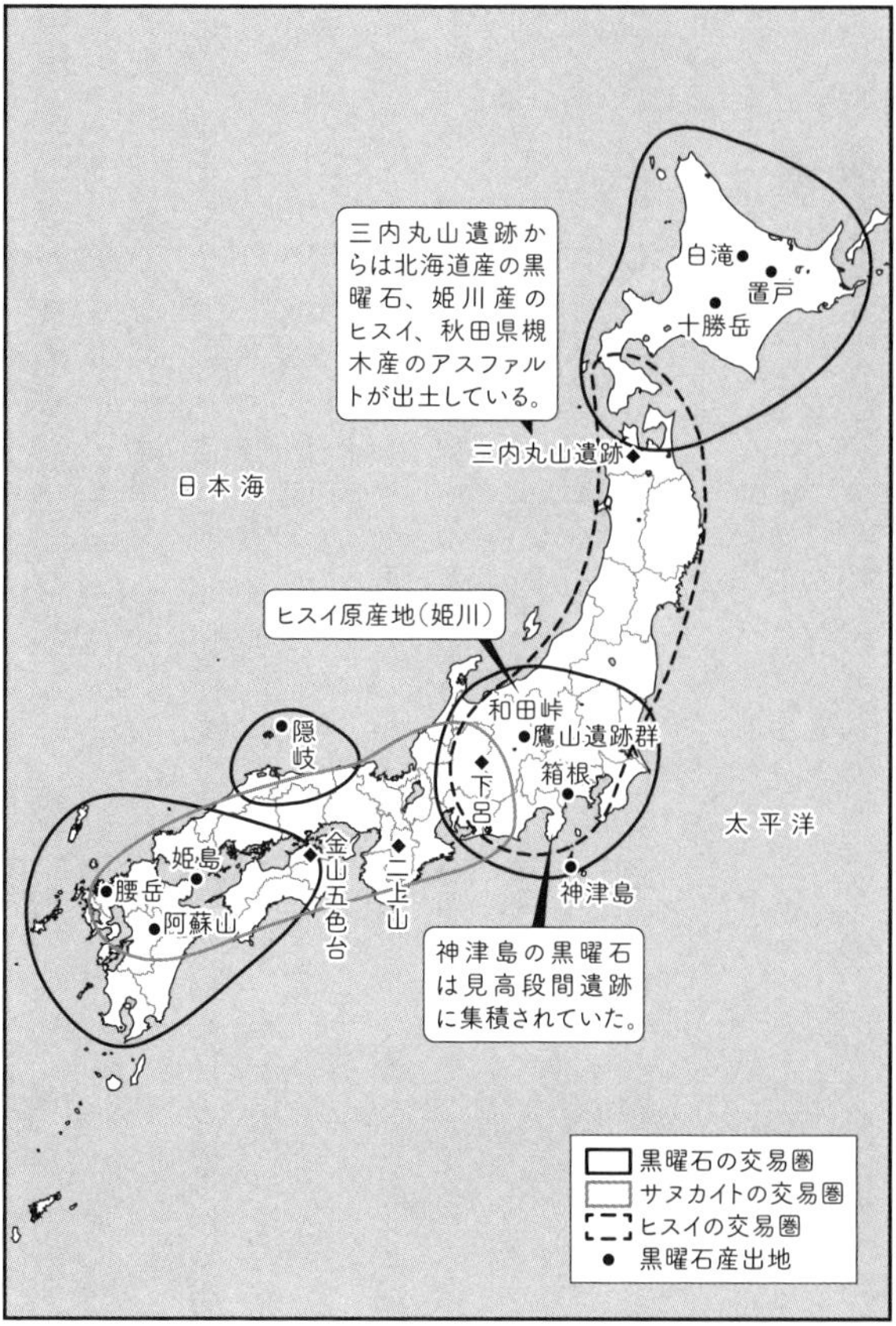

三内丸山遺跡からは北海道産の黒曜石、姫川産のヒスイ、秋田県槻木産のアスファルトが出土している。
白滝
置戸
十勝岳
三内丸山遺跡
日本海
ヒスイ原産地（姫川）
和田峠
鷹山遺跡群
隠岐
下呂
箱根
太平洋
金山五色台
二上山
姫島
腰岳
阿蘇山
神津島
神津島の黒曜石は見高段間遺跡に集積されていた。
黒曜石の交易圏
サヌカイトの交易圏
ヒスイの交易圏
黒曜石産出地

物流の担い手だった丸木舟

こうした交易で活躍したのが**丸木舟**だ。

道路整備などままならなかったこの時代、いちばん手っ取り早い輸送方法は川や海の上を行くことだった。材料となったのはクリやムクノキなどで、人々はそれを石斧でくりぬいて船に仕立てた。

船のサイズは長さが三～七メートル、幅は五、六十センチメートルだった。千葉県の雷下遺跡《かみなりした》から発見された国内最古の丸木舟は約七千五百年前のもので、長さは七・二メートルもある。場所から考えて、海で使用されていたものだろう。

縄文人はこうした丸木舟を使って日本列島を交易してまわっただけでなく、**数艘《そう》の丸木舟をつないで筏《いかだ》にし、大陸や朝鮮半島にも貴重な品を運んでいた。**縄文人の交易ネットワークは現代人の想像を超える広がりを持っていた。

謎15

縄文時代はなぜ、平和を保てたのか？

――土地所有の概念や支配・被支配の関係がなかった

よく知られているように、縄文時代は平和な時代だった。

日本史の中で平和な時代というと、鎖国をしていた江戸時代がよく挙げられる。その江戸時代は約二百六十年間続いた。これに対して縄文時代は、一万四千年以上もの長きにわたっている。比較しようにも比較にならないほど平和な時代だった。

ここで言う平和な時代とは、集団による争い（戦争）がなかった時代を意味する。縄文時代とて人の世なので、ときには喧嘩や揉《も》め事、恨みなどから他者の暴力が原因で命を落とす人もいた。しかし、それはごく限られたケースであった。二〇一六年に実施された調査では、**縄文人の暴力による死亡率は一・八パーセント**だった。ほかの時代と比べると五分の一程度であり、総じて争いの少ない穏健な時代だったといえる。

実際、どの遺跡を調べても、狩りのための道具は見つかっても、**明確に戦闘用の武器といえるようなものは発見されていない。**弥生時代の環濠《かんごう》集落のように、防衛目的で周囲に濠をめぐらした集落も存在しない。縄文時代には、ひとつの集落が滅ぶような激しい戦いはなかった。そう考えるのが正解だろう。

そもそも争いの原因がない社会

日本史に限らず世界の歴史をひもとけば、戦争はたいてい領土を巡って勃発する。

しかし、原初的な栽培はあっても本格的な耕作がなかった**縄文時代には、人々の間に土地所有の概念はなかった。**よって土地の奪い合いはなかった。もしかしたら狩猟をするのに集落同士で縄張り的なものはあったかもしれないが、そもそも人口が少なかったので他者の土地をほしがるほどの強い欲求はなかったのである。

また、縄文時代の社会には多少の階層はあっても**人が人を支配するという考えがなかった。**個人と個人の間での力関係はあったにせよ、「ほかの土地の人々を支配しよう」などと考える人間は出てこなかった。

もうひとつ理由があるとすれば、**日本列島が海によってある程度隔絶されていたこ**

とも要因として挙げられるだろう。

紀元前五千年頃、大陸では黄河文明が生まれていた。中国で戦争の記録がはっきり残っているのは紀元前一千六百年頃からだが、伝説上では紀元前三千年頃には大規模な戦争が起きていたことになっている。集団での争いは、おそらく黄河文明が発祥した頃から発生していたと考えてよいだろう。

海があったおかげで、縄文人たちはそうした大陸の戦争からは無縁でいられたのだ。

世界史的に見ても、人が定住生活を始めてからこれほど平和が長く続いた時代は珍しい。

縄文時代は、生まれつき闘争本能を持っている人間同士が争わずに暮らすことができた、**究極的にサステイナブルな時代**だったのだ。

謎16

縄文人は、どんな恋をした?

――自由恋愛はご法度!? 結婚は集落の発展のため

いつの時代でも、人は恋をする。それは縄文時代も例外ではなかっただろう。

しかし、縄文時代の恋愛については史料もなければ記録もないので、想像するほかない。

人は三歳から五歳くらいになると、好きな異性ができる。少しませた子なら幼稚園や保育園に好きな男の子や女の子の一人くらいいてもおかしくない。縄文人の子どもたちも、心の成長具合は現代人とそう変わらなかったはずだ。

とはいえ、人口の少なかった縄文時代のことだ。同じ集落にいる異性は兄弟姉妹か親戚の子くらい。たとえ恋心を抱いたとしても、相手は血縁者である場合が多かった。

そんな状況を打破してくれたのが、集落間のコミュニケーションだ。44ページで解説したように、縄文時代は近隣の集落が集まって祭祀などが行われた。

そうしたお祭りは人々にとって楽しみであり、情報交換の場であり、**若い男女にとっては出会いの場となった。**恋が生まれぬわけがない。

もしお互いに気になる相手ができたら、次はどうするだろう。言葉を交わし、互いを知り、祭りのあともどこかで会っていたかもしれない。こうなると立派な恋愛だ。

集落間の結婚は、政治的手段のひとつ

縄文人も虜《とりこ》になった恋愛。ただし、恋愛したからといって、その相手と結婚できるとは限らなかった。

縄文時代で集落間の交流が始まってからと考えられるが、**この時代の結婚は親やまわりの大人が決めるのが当たり前だった。**相手はほかの集落の異性。理由は簡単で、集落間の結びつきを深めるには婚姻が最善の策だったからだ。

互いに血縁となれば集落同士の絆は深まる。物々交換やなにかあったときの助け合いにも婚姻関係はたいへん役に立った。こうした結婚は、主に男性が自分の集落を出てよその集落に婿に入るケースが多かった。もちろん、女性がほかの集落に入る場合もあったが、これが主流になるのは、後期中葉以降の東日本に限られる。

こうして結婚相手に選ばれた異性が、前々から気になっていた人だったり、恋愛関係にあった人だったら万々歳。しかし、そうではないケースも多かったことだろう。集落間で争いごとのない、すこぶる平和な縄文時代ではあったものの、その「和」を保つためには自由な恋心は封印するほかなかったのだ。

泣く泣く別れたカップルも、たくさんいたに違いない。

謎17

縄文人は、病気にどう対処した？

――怪我人の世話をし、体の不自由な人を助けていた

医療が発達していなかった縄文時代の人々にとって、怪我や病気はいま以上に死に直結する恐ろしい災厄だった。

成人した縄文人の健康状態はおおむね良好だったと思われるが、加齢とともに骨粗《こつそ》鬆《しょう》症になる人は比較的多かった。

また、年齢が若い間に外で活動する時間が長かったためか、**上半身を骨折する人が多かった。**擦過傷《さつかしょう》や捻挫《ねんざ》などは日常茶飯事であっただろう。ほかにがんなどの重い疾患もあった。福島県の三貫地《さんがんじ》貝塚からは、**頭蓋骨にがんが転移した痕跡がある人骨**が見つかっている。

縄文人に共通しているのは**虫歯が多い**ことだ。あるデータでは八・二パーセントの縄文人が虫歯になっていたという。現代人は三十パーセント以上だから八・二パーセ

ントなら少なく感じるが、世界のほかの狩猟民族と比べるとかなり高い比率といわれる。原因は、木の実などの糖質を多くとっていたからだと考えられる。

障害児も見捨てずに、ケアして育てた

死に至らないまでも、骨折などの大怪我や大病をして動けなくなる事態も少なくなかっただろう。

病気の場合、できるのは**薬草を煎じて飲ませたり、まじないによって治癒を祈ること**くらいで、あとは本人の体力に任せるほかなかった。

いっぽう、怪我の場合は患部を水で洗ったり、薬草をすりつけたりといった治療行為をしていたと想像される。骨折したときは、当て木などをして治癒を待った。富山県の小竹《おだけ》貝塚からは、大腿骨の骨折が治癒したと思われる人骨が出土している。また千葉県の古作《こさく》遺跡、加曽利《かそり》貝塚、長崎県の脇岬《わきみさき》遺跡などからは、骨折治療を試みたものの完全には治癒できなかった人骨が見つかっている。

これらの人骨にはかなりの高齢者のものも含まれており、**当時の人々が怪我人や病人の生活を助けていたことがうかがわれる。**

さらに北海道の入江貝塚からは、ポリオによる小児麻痺か筋ジストロフィーであった若い女性の人骨が発見されている。この女性は子どもの頃から病気で体が不自由であったが、成人するまで生き延びている。これは親きょうだいなど、周りの助けなくしては不可能なことである。

このように縄文時代の人々は、体の不自由な家族や仲間を見捨てることなく介護や看護に勤《いそ》しんでいた。

先天性の奇形を持つ子どもに関しては、マレビト信仰の一種として神がよこした子として敬い、神扱いされた可能性も指摘されているが、病人や怪我人の生活を支えるだけの物質的な豊かさ、精神的な余裕のある社会が形成されていたということだろう。

第3章

縄文人のライフスタイル

謎 18

縄文人は、どんな家に住んでいた？

――マイホームの竪穴住居は快適な空間！

縄文人の生活というと、まず思い浮かぶのが**竪穴住居**だ。

地面を掘って、中心に炉をつくり、柱を立てて屋根を葺《ふ》いたワンルームタイプの住居はこの時代の象徴だ。

もっとも、縄文時代草創期の一万六千五百～一万一千五百年前までは、本格的な竪穴住居はなかった。竪穴住居が増え始めたのは、定住化が進んだ縄文早期。以来、竪穴住居は弥生時代に至るまで人々の暮らしを支え続けた。

竪穴住居にはいくつかのバリエーションがあるが、**基本は円形であり、標準的なもので直径五メートルほどであった。**

作り方は比較的シンプルで、以下の手順で建てられた。

①広場の周縁など、適当な平地に深さ数十センチの円形の穴を掘る。

竪穴住居のお宅訪問！

復元された竪穴住居の内部を見ると、限られたスペースを有効に使おうとしていたことがうかがえる。

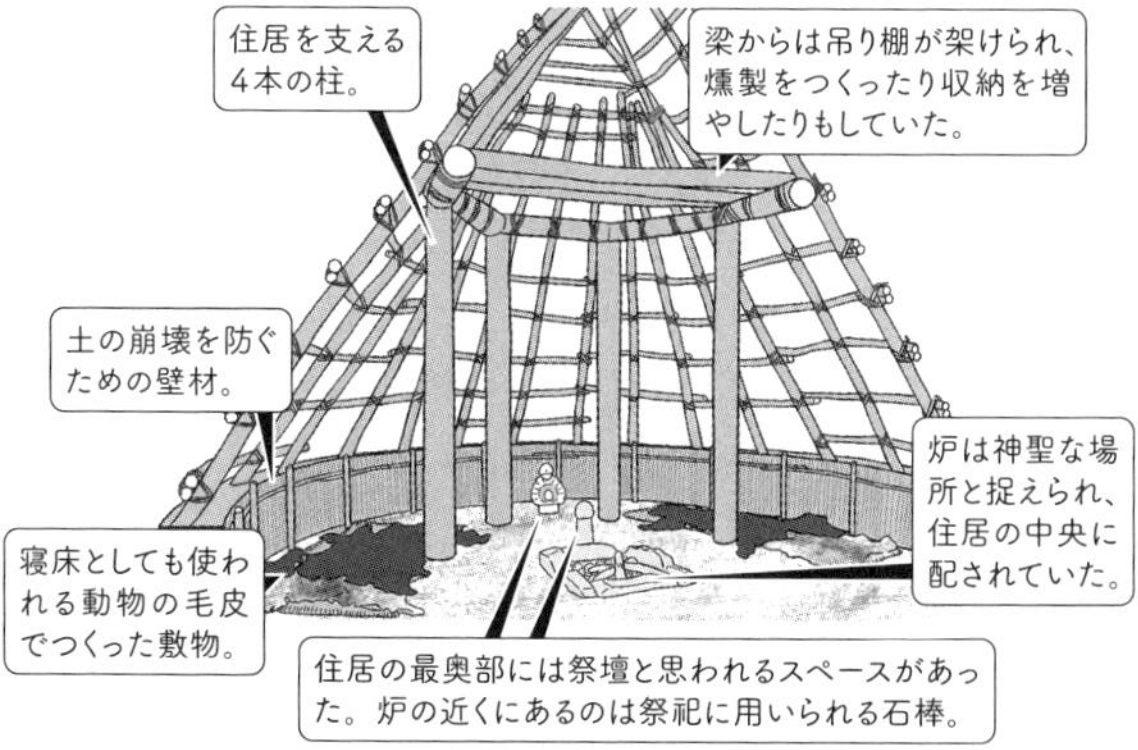
住居を支える4本の柱。

梁からは吊り棚が架けられ、燻製をつくったり収納を増やしたりもしていた。

土の崩壊を防ぐための壁材。

炉は神聖な場所と捉えられ、住居の中央に配されていた。

寝床としても使われる動物の毛皮でつくった敷物。

住居の最奥部には祭壇と思われるスペースがあった。炉の近くにあるのは祭祀に用いられる石棒。

②掘った穴の周囲が崩れぬように、丸木などを並べて固める。
③穴の中に四～八本の柱をバランスよく配置して、立てる。
④柱に梁《はり》をかけて、家の骨組みを組む。
⑤円形部が部屋となるよう、周りを丸木で囲み、その上に茅《かや》や草木、土などを葺いて屋根とし、一部を入口とする。
⑥内部の中心に炉を設ける。天井に煙だし用の穴を設ける。

限られたスペースを有効活用

こうしてできた竪穴住居は**広さにすると**だいたい二十平米。数人が横になって寝ら

れる広さだった。標準的なもののほか、もっと小さいタイプや大人数が過ごせる大型のタイプもあった。また季節に応じて、夏は茅葺《かやぶ》き、冬は土葺きに替えるといったことが行われていた。

住居の内部は炉のほかに生活道具を置くスペースや、土偶などを据えて祭祀を行う場所などがあった。床は地面がむき出しなので、敷物を敷いていた。どこに誰が座るか、寝るかなどはある程度決まっていたともいわれる。梁には吊り棚があり、燻製《くんせい》作りや物置に使われていた。土器などは周縁部の一段高い場所に置かれていた。

現代と違って水道やトイレはないので、外で用を足していた。

竪穴住居はよく手入れされたものだと、数十年はもったとされる。当時としてはコスパ抜群の住宅だったといえるだろう。

謎19

縄文人は、どんな一日を過ごしていた？

――男性は狩りに、女性は木の実の採集に

人間の生活は、パターンがだいたい決まっている。縄文人もそれは変わらない。縄文人はどんな生活を送っていたのか？　これは比較的、想像がしやすい。

当時は生活で火を使っていても、まともな照明などなかった時代である。縄文人は夜暗くなると眠りにつき、日の出とともに目を覚ましていたはずだ。

起きてからの行動は、男女や年齢差によって変わる。一日の活動のために、まずは誰もが朝食をとった。ある者は水場に水を汲みに行き、ある者は火を起こして調理をした。子どもたちも親の手伝いをしたことだろう。

日中、**男たちは狩りや漁の道具をつくったり、建物を修繕したりした**。毎日ではなかったが、獲物を求めて集落の外にも出かけた。**シカやイノシシなど大きな獲物は集落の男たち全体で、あるいは隣り合う集落の者たちが共同で狩りを行った**。賢く敏捷

な野生動物を効率良く狩るには、遠巻きにして周囲を取り囲んだり、犬を使って森や林から追い立てたりといった作戦を練ったりする必要があった。

ウサギなどの小型動物が相手のときは、単独または少人数で行動した。こうした狩猟は午前中に行われることが多かった。動物の活動時間にあたる、早朝の方が獲物を見つけやすかったからだ。海での漁も、現在もそうであるように朝や夕方が多かった。

一日の楽しみは家族や仲間とのおしゃべり

女性は土器や土偶をつくったり、集団で木の実の採集に出かけたりした。男たちが行う狩りは一見派手だが、実際に人々の健康を維持するためのカロリーは、女性たちが採集する木の実などの糖質を含んだ食べ物によってまかなわれていた。

夕方になると、道具作りなどをしていた手を止めて夕食の支度をする。食後、まだ空が明るければ道具の手入れをして過ごした。食事中や食後の時間は座談を楽しんだ。文明的な娯楽が少ないので、**おしゃべりは最高の娯楽だった。**

長い夜はたっぷりと睡眠をとった。若い夫婦ならば子づくりに励んだだろう。こんなふうに、大人も子どもも朝から晩まで体を目一杯使った生活を送っていたのだ。

謎20

縄文人は、季節とどう向き合った?

——旬を大事にして、春夏秋冬の巡りとつきあう

一年中さまざまな食べ物が手に入る現代でも、やはり旬の食べ物はおいしく感じる。縄文人は狩猟採集が生活の中心だっただけに、現代人以上に**旬の食べ物**を摂取していた。むしろ、その時季に採れる旬の食べ物が食事の中心となっていたはずだ。食生活だけを見ても、**縄文人の生活は現代人以上に季節に直結していた。**

移りゆく春夏秋冬を、縄文人はどのように過ごしたのだろうか。

現代のように明確な暦のない時代だったが、縄文人も春夏秋冬の季節の移ろいははっきりと認識していた。

一年でいちばん過ごしやすいのは「実りの秋」

縄文時代の春、夏、秋、冬。それは次のようなものだったはずだ。

①春——全体としていまよりも温暖だった縄文時代だが、やはり気温が高くなる春は縄文人も嬉しかったはずだ。ただ、**春はカロリーの豊富な木の実の類がまったく採れなかったため、栄養不足になりがちな季節でもあった。**

②夏——夏は春同様、カロリー不足になりがちな季節だった。ただし、活動はしやすいので**狩りや漁ではそれなりの成果が挙がった。**昆虫もたくさん採れた（最近の調査では、縄文人も昆虫食をしていたことが明らかになりつつある）。

③秋——一年で過ごしやすいのは秋だった。難は日が短いことだが、**木の実類が豊富に採れたし**、川では遡上するサケが獲れた。海水温も一年でもっとも高い時期だったので漁や貝類の採集がしやすかった。まさに実りの秋である。

④冬——狩猟のシーズンは冬である。雪の上に残された足跡《あしあと》から獲物を探すことができたし、**木々の葉が落ちた森林の中は視界が良く、食料となる動物を見つけやすかった。**何より、イノシシやシカ、クマなどが脂肪を体に蓄えておいしくなる季節であった。

季節の境目には祭りも行われた。狩りや採集に出にくい季節は、手仕事に励んだことだろう。季節の巡りと上手につきあいながら、縄文人は一年を過ごしていたのだ。

謎21

縄文時代に、「都」は存在した？

――千五百年もの間、人が住み続けた本州北端の都市

現在でこそ縄文人が定住生活を送っていた事実は浸透しているが、かつては縄文時代というと、家族を中心に数十人で集団をつくり、季節ごとに移動しながら狩猟や植物の採集を行って暮らしていたと考えられていた。

たしかにまだ寒冷期だった草創期は、土器こそつくられ始めたものの、人々は旧石器時代とさして変わらない移動生活を送っていた。

世界でも最古級といわれる土器が出土した青森県東津軽郡の大平山元遺跡には、住居跡が見られない。ここに住んだ人々は、移動に便利な組み立て式の住居を使用していた。

蟹田《かにた》川中流部の河岸段丘に位置していたこの地に人が集まったのは、石片や石鏃《せきぞく》の材料となる頁岩《けつがん》が川からよく採れたからだ。

人々は旧石器時代の頃からそれに気がつき、食べ物が確保しやすい季節などを選んで同地へ移り、暮らしていたようである。

やがて温暖化が進み、土器が普及しても、そうした半定住ともいえる生活スタイルが、稲作伝来まで続いていた……。それが多くの人が抱く縄文時代のイメージであった。

温暖化と土器が定住生活へと導く

そうしたイメージを覆したのが、青森県の三内丸山遺跡である。

面積四十ヘクタールの台地上に築かれた集落遺跡で、一九九二年から始まった発掘の結果、**大型掘立柱《ほったてばしら》建物跡**、**大型竪穴建物跡**、**道路跡**などが出土した。この集落は、縄文時代前期中葉の約五千五百年前から、中期末の四千年前まで、約千五百年にわたって存続したことが判明したのである。

最盛期には五百人近い人々が生活していたと考えられており、三内丸山遺跡によって「狩猟採集を行いながら少人数で暮らしていた」という従来の縄文時代のイメージが大きく覆った。

縄文都市「三内丸山遺跡」

縄文時代前期中葉から中期末にかけて栄えた三内丸山遺跡は、大規模な土木工事の跡やそれによって建設された大型建物の跡が発見されるなど、40haの台地上に計画的に築かれた都市であった。

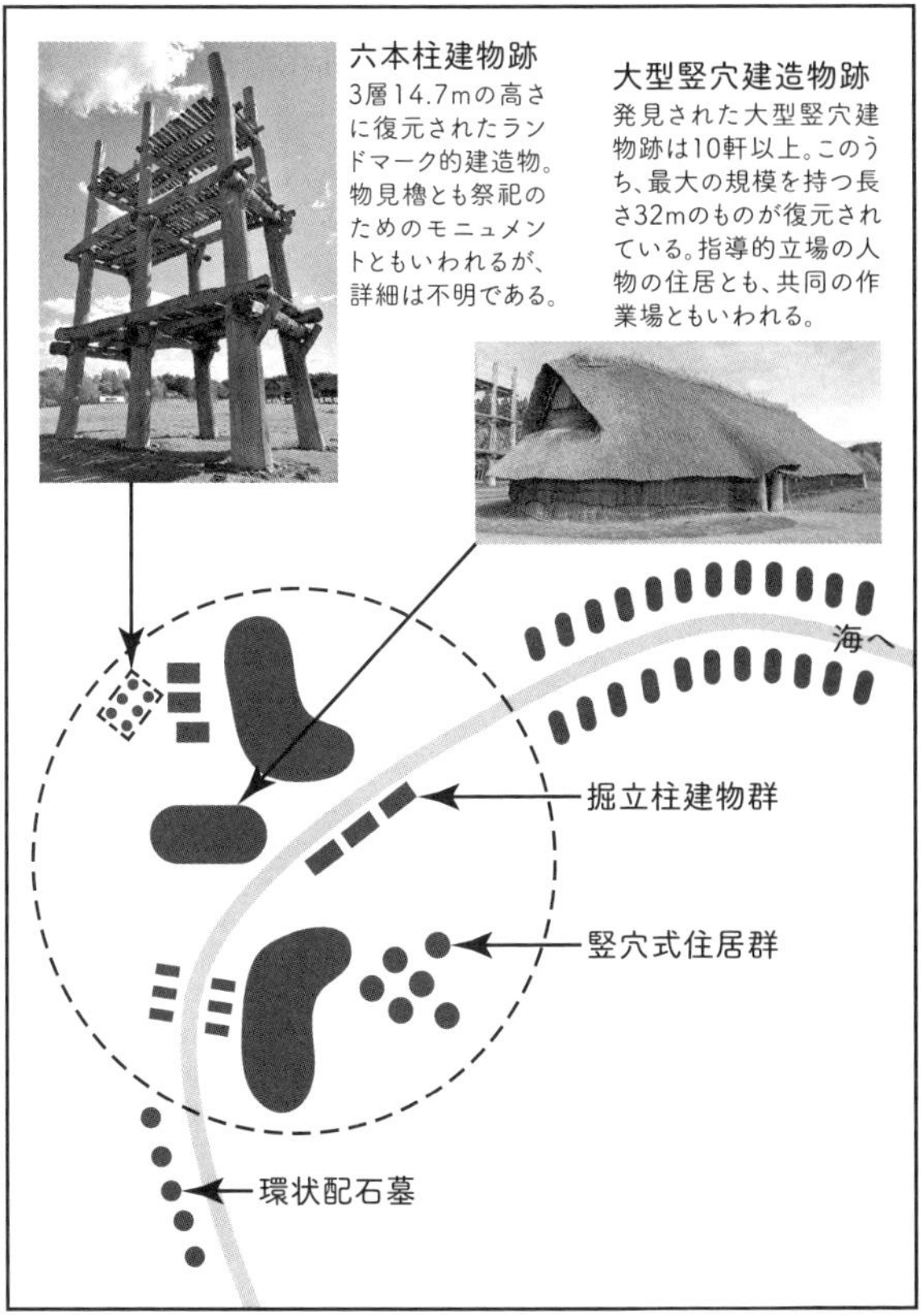
六本柱建物跡
3層14.7mの高さに復元されたランドマーク的建造物。物見櫓とも祭祀のためのモニュメントともいわれるが、詳細は不明である。
大型竪穴建造物跡
発見された大型竪穴建物跡は10軒以上。このうち、最大の規模を持つ長さ32mのものが復元されている。指導的立場の人物の住居とも、共同の作業場ともいわれる。
海へ
掘立柱建物群
竪穴式住居群
環状配石墓

さらには、道路の敷設など大規模な土木工事が行われ、面積百平方メートルを超す大型の竪穴住居や、高さ十四メートルを超す大型の掘立柱建物が建てられていたことも特筆すべき点である。

多くの人々を動員し、大規模な土木工事を伴う計画的な集落づくりが、縄文時代にすでに行われていたのだ。**三内丸山は、まさに縄文時代最大の「都市」であった。**

また、三内丸山の人々はクリの栽培も手掛けていて、安定的な採集と経済活動も営んでおり、旧石器時代人とは大きく生活スタイルを変えていたことがわかっている。

三内丸山遺跡は、二〇二一年（令和三年）に世界遺産に登録され、六本柱の大型掘立柱建物をはじめ、大型竪穴建物などが復元されて遺跡公園として公開されている。

謎22

縄文人は、どこで用を足していた？

——意外に少ない糞石から、排泄の場所を推定

物を食べたら排泄する。人間に限らず、動物はみんな糞を出すものだ。

縄文時代の人々は「うんち」や「おしっこ」をどこでしていたのだろう。竪穴住居にはトイレが見られない以上、外で用を足していたことに疑いはない。

それでは、集落のどこにトイレがあったのだろうか。利便性を考えれば、住居のそばにあったはずだ。ところが発見されている遺跡の数に比べると、トイレの跡は意外なほど少ないのである。

出土しているトイレの遺構でもっとも古いものは、縄文前期、約五千五百年前の縄文遺跡である福井県若狭町の鳥浜貝塚にある。

ここからは二千以上の人間の糞石《ふんせき》が発見されている。糞石の多くは、**湖にかかる桟橋と思しきものを支えた杭の跡の周辺**にある。その状態から、集落の人々が桟橋から

湖面に向かって排泄していたと推測される。

ここに、縄文時代のトイレの跡や人間の糞石がなかなか見つからないヒントがある。

水場を自然の水洗トイレにしていた

便を肥料や家畜の餌にする必要がなかった縄文人は、排泄を水場で行っていた。とくに**流れのある川は、自然の水洗トイレとして重宝されていた。**便がおしりについたときも、水があれば簡単に洗うことができた。

青森県の三内丸山遺跡では、遺跡の北側にある谷がトイレまたは糞尿の捨て場所として利用されていたことがわかっている。堆積していた土を分析した結果、人間の便に含まれる寄生虫の卵が大量に検出されたからだ。

もちろん、排泄は水場以外でも行われていた。採集や狩りの途中でも、もよおしたらその場にしゃがんですればよかった。人に見られて恥ずかしいという概念があったかどうかはよくわからないが、少なくともいまよりは羞恥心は薄かっただろう。

住居の中や集落内の大切な場所では排泄をしない。決まりがあってもそれくらいで、あとは広い空の下、世界のすべてがトイレだったのだろう。

謎23

「縄文」と呼ばれるようになった理由は?

——モースが発見した大森貝塚がすべての始まり

縄文時代の名前の由来は、その象徴たる縄文土器に見られる「縄文(縄紋)」にある。ただし「縄文」の命名は、日本語よりも英語の方が先だった。

明治時代、近代化を目指していた日本は、外国から多数の学者を招聘《しょうへい》していた。アメリカ人の動物学者、**エドワード・シルベスター・モース**もそのひとりである。

一八七七年(明治十年)に来日したモースは、横浜から新橋へと向かう蒸気機関車の窓から線路沿いに貝殻の重なった場所を発見した。これが現在の**大森貝塚**だ。学者ならではの鋭い勘が働いたのか、モースは東京大学の教授に就任すると、政府の許可を得て日本人の助手や生徒たちと日本初となる貝塚の発掘調査を行った。

この「収穫」は大きかった。貝塚からはいつの時代のものとも知れぬ貝殻や土器、土偶、石器、動物の骨、人骨などが出土した。その中にあったのが**縄目のついた土器**

の欠片であり、モースはこれを**「Cord-Marked（縄紋）Pottery」**と名付けた。
これが縄文時代の名前の由来となったのだ。

「索紋」から「縄紋」、そして「縄文」へ

モースによって発見された大森貝塚は、縄文後期から晩期にかけての遺跡であることがわかっている。同時にこの縄目のついた土器片の発掘が日本の考古学の幕開けを意味するエポックとなった。動物学者であるモースが、日本で「考古学の父」と呼ばれているのは、このためである。

大森貝塚を発見し、縄文時代を「発見」したモースの像。

土器片の発見当初、モースの「Cord-Marked Pottery」は**「索紋《さくもん》土器」**と訳されていた。

それを植物病理学者の白井光太郎が**「縄紋」**と訳したのが一八八六年（明治十九年）のこと。

以来、「縄紋」の名称が一般的と

なり、一九三九年（昭和十四年）頃から表記が「縄文」へと変わっていった。現在は「縄文時代」と呼ばれることが多いが、研究者の中には「縄紋」と表記する人もいる。

大森貝塚以外でもいずれ誰かが発見したであろう「縄文土器」だが、日本人が気にかけなかった貝塚を貴重な遺跡だと見抜いたモースの業績は、やはり讃えられてしかるべきだろう。

謎24

縄文人を襲った、自然災害とは？

――海底火山の大噴火で南九州と四国に甚大な被害

文明が発達した現代にあっても、地震や津波、火山の噴火、台風などの災害は恐ろしいものだ。縄文人にとっても、そうした災害は恐怖の的だったに違いない。

一万四千年もの長期にわたって続いた縄文時代だけに、その間には幾度となく、大地震や大きな台風の襲来があった。この頃は富士山も立派な活火山で、たびたび噴火していたことがわかっている。

縄文時代を通じて日本を襲った最大の自然災害は、約七千三百年前の縄文早期末に起きた**鬼界《きかい》カルデラの噴火**だ。鬼界カルデラは薩摩半島から約五十キロメートル南に位置する海底火山で、直径が東西二十三キロメートル、南北十六キロメートルもある。現在も活動は続いていて、一部は薩摩硫黄島、竹島として海面上に出ている。

まさに「スーパー火山」であるこの鬼界カルデラは、過去に何回も大噴火を起こし

縄文時代の大災害

鬼界カルデラの火山灰の広がりを示す地図。縄文時代早期末に大噴火した鬼界カルデラは、九州・西日本の縄文文化を壊滅させ、南東北地方まで火山灰を降らせた。

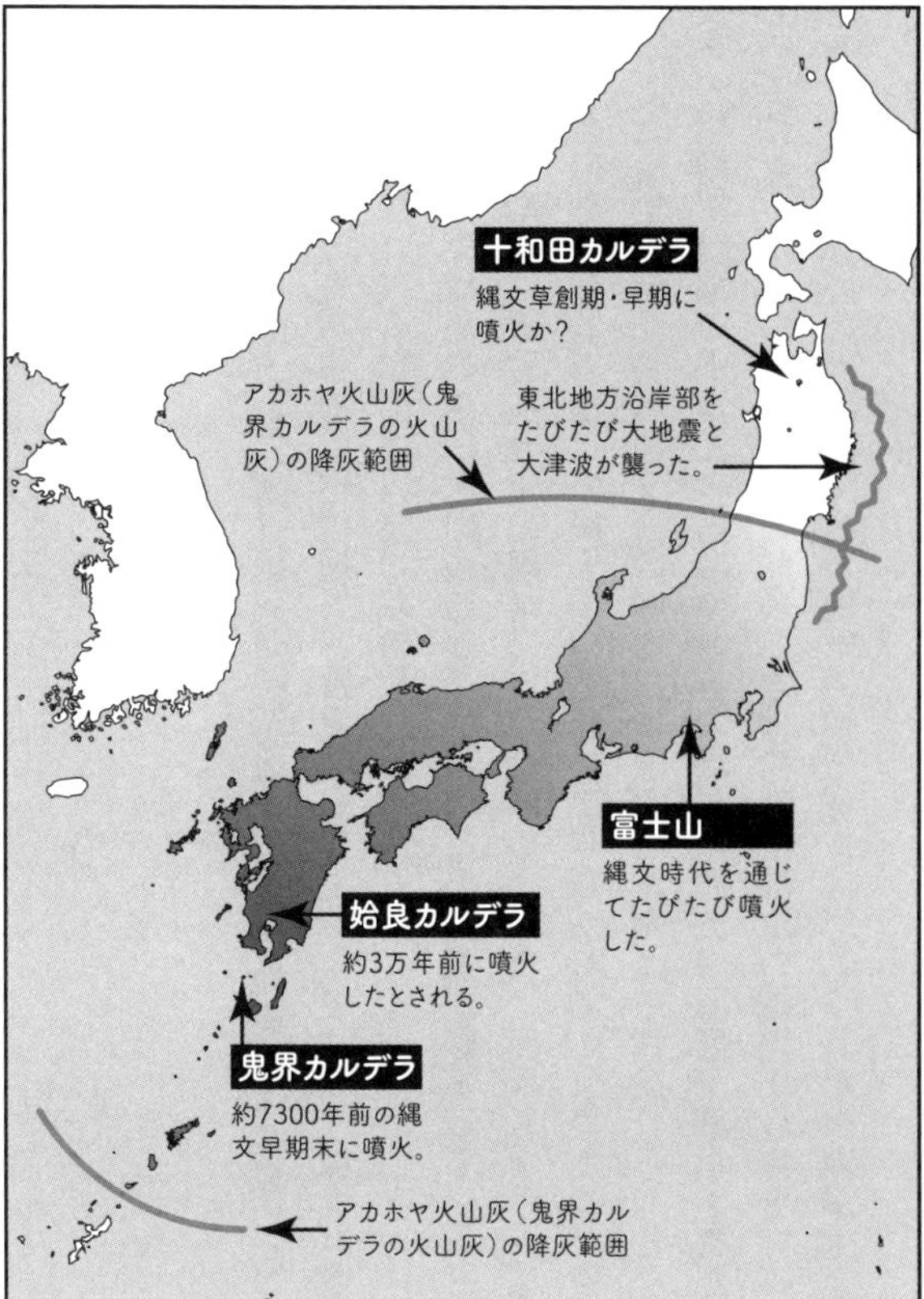
十和田カルデラ
縄文草創期・早期に噴火か？
アカホヤ火山灰（鬼界カルデラの火山灰）の降灰範囲
東北地方沿岸部をたびたび大地震と大津波が襲った。
富士山
縄文時代を通じてたびたび噴火した。
姶良カルデラ
約3万年前に噴火したとされる。
鬼界カルデラ
約7300年前の縄文早期末に噴火。
アカホヤ火山灰（鬼界カルデラの火山灰）の降灰範囲

ている。七千三百年前に起きた噴火では、火砕流が九州南部にまで到達した。また、火山灰は南東北にまで達している。

西日本の縄文文化が大打撃を受ける

この鬼界カルデラの大噴火により、南九州と四国の縄文人とその集落は壊滅した。被害は甚大で、それ以外の九州各地、中国地方、近畿地方に至るまで、人々は大打撃を受けた。噴火にともない、沿岸部は津波にも襲われた。

じつは縄文時代の草創期には、南九州に縄文文化が花開いていた。何事もなければそのまま続いていたであろう営みは、海底火山の活動により断絶してしまったのだ。**縄文時代を通じて、関東以北の東日本の人口が多いのはこの災害が影響している。**

ただし、こうした大災害の記憶は縄文人の間で口伝されたと考えられる。

とくに縄文人の集落が台地の上などの高台にあるのは、大津波の記憶が継承されたことによるものではないかという。高台に住むことは津波や洪水の被害から身を守ることにつながる。地震や津波の多かった東北地方の沿岸部では、こうした教訓が生きていたに違いない。

第4章

縄文人の美意識

謎25

縄文人は、どんな服を着ていた?

——植物から布をつくり、夏も冬も快適に

縄文人のファッションといえば、麻のようにナチュラルな色のシンプルな貫頭衣《かんとうい》(頭からかぶる服)がイメージされる。

とはいっても実際のところ、自然に還る植物繊維が原料だったこともあり、縄文人の服が当時の形で出土したケースはない。

しかし、出土品の中からは布の一部である繊維質の物体が発見されている。また土偶のデザインから、縄文人が衣服を着用していたことはもちろん、それがどんな形状だったのかも読み取ることができる。これらのことから、冒頭で触れたような服装が想像できるのである。

旧石器時代と縄文時代の差異は、土器の使用だけでなく、布の使用の点でもはっきりしている。

縄文人の基本ファッション

縄文人はアカソやカラムシなどの植物の茎を用いた編布編みによって衣服をつくり着ていたと考えられている。

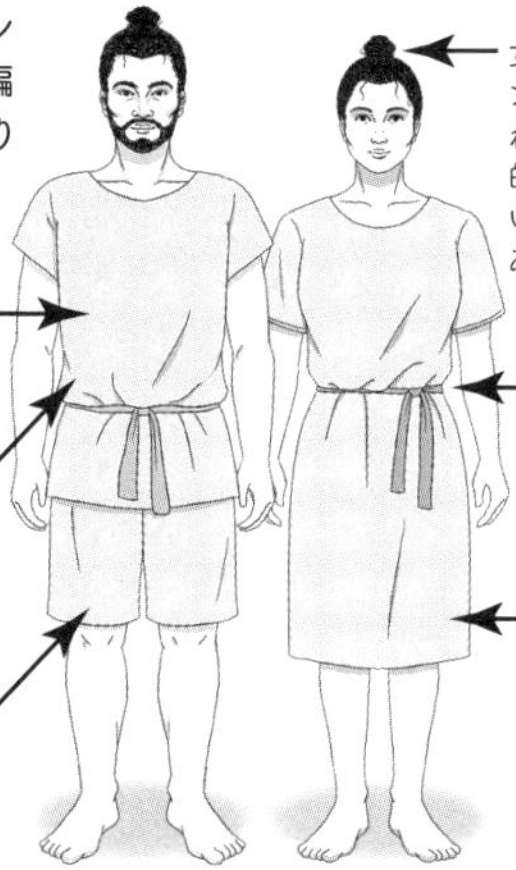
女性用のヘアピンや櫛が発見されており、日常的に使用されていた可能性がある。
貫頭衣、もしくは布2枚を縫い合わせた服。編布編みによって製作された。
ウエストは紐で縛っていた。
冬になると、防寒着としてイノシシやシカの毛皮をまとった。
女性の服はワンピースのスタイルだった。
男性用の服はズボンとシャツにわかれていた。

気候が温暖化していった縄文時代、人々はアカソやカラムシなどの植物の茎をほぐして繊維（糸）とし、**編布《あんぎん》編み**という方法で布を織った。編布編みは編布台と呼ばれる木の台を左右に置き、その間にかけた横木にコモ槌という錘《おもり》に結んだ縦糸を吊り下げ、これに横糸を交差させながら編んでいく製法で、現在も新潟県十日町市に「越後アンギン」の名で受け継がれている。

冬は動物の毛皮を防寒に

当時は精巧な織り機などはなかったので、布を織るには長時間の作業を必要とした。布づくりの担い手である女性たちは、日々の仕事の合間、根気良く糸を編んでいった。

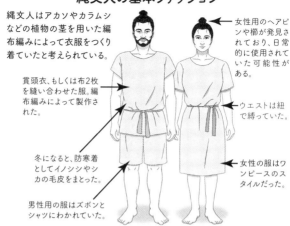

そうしてつくられる服は一年に一着、多くても二、三着程度だった。知恵の働く人たちであれば、何らかの分業制で作業を効率化していたかもしれない。

つくられる服は季節に応じて開放箇所があったりなかったりで、多少の違いはあったようだ。

男性はシャツとズボン、女性はワンピースと、デザインに違いもあった。概して通気性がよく、夏も快適だった。冬はこれにシカやイノシシなどの動物の毛皮を使った防寒着をまとっていた。シカの皮をなめした下着や、毛皮やサケの皮でつくった靴も着用していた。

縄文人の普段着は、シンプルかつ機能的なものだったのだ。

謎26

縄文人は、どんなおしゃれをしていた？

――ハレの日は赤を使い、首飾りなどをつけた

現存する土偶には、山や波、渦などを象《かたど》った模様がついているものがある。

縄文人の普段着はシンプルなデザインであったことは前述したが、土偶などに表現されたこのような派手なファッションは、何に由来するのであろうか？

じつは縄文人は、自分たちが着る服にも土偶につけたような模様をあしらっていたと考えられている。ただし、派手な模様がついた服は、普段着にも使ったかもしれないが、どちらかというと**祭りなどのハレの日に着る特別な服**という位置付けだった。

模様はベンガラ（酸化した鉄）や鉄分からつくった**赤色が多く**、素地は普段着と同じハシバミ色（くすんだ赤みの黄色）や、炭などで着色した黒色だった。腰に巻く紐なども赤が多かった。血の色である赤を施すことで生命の誕生や再生を願ったと想像される。現代人の感覚からも、黒やハシバミ色に赤という組み合わせはおしゃれだ。

髪型は男女ともに**長髪が基本**だった。これを結って赤い漆を塗った木製の竪櫛《たてぐし》や簪《かんざし》で留めていた。女性の髪型にはバリエーションがあって、三つ編みやお団子ヘアなど、現代と変わらないヘアスタイルを楽しんでいたと思われる。

さまざまな素材を加工したアクセサリー

ハレの日には、これにさまざまな装飾品が加わった。ヒスイ、琥珀《こはく》、石、骨、貝、サメの歯、動物の牙《きば》などを加工した**首飾りや耳飾り、頭飾り、腕輪、足輪**などを身につけて自分を演出した。また、**顔には鉄や水銀からつくった顔料で文様を施した。**

出土した数量からして、ハレの日用の服や装飾品は日常的につくられていたようだ。集落の中には、これを大量生産して交易品としていたところもあった。首飾りに通す玉などは同じものを何個も作る必要がある。相当手先が器用だったと想像される。

こうして作られる装飾品は、持ち主が亡くなったときの副葬品にも用いられたと考えられ、何らかの願いや祈りが込められていたと推察できる。

指輪については、骨角製や石製のものが縄文晩期の東北・北陸地方でわずかに発見されている。

縄文人のハレ着

日頃、シンプルなデザインの服を着ていた縄文人であったが、祭りなどハレの日には多様な装身具を身につけて着飾っていた。

簪（かんざし）・笄（こうがい）
縄文時代早期から全国的に見ることができるヘアピン。1本の針状のものと、先端が二股に分かれるものがあり、男女ともに用いていた。
耳飾り
一ヶ所に切れ目のある石製の玦状耳飾が最古の形。リングの切れた部分からはめ込んで装着した。東日本では縄文晩期に土製の滑車形耳飾りが登場。女性には、一定の年齢に達すると耳たぶに穴を空けて着用し、成長に従って大きいものに変える習慣があったようだ。
首飾り
貝殻やヒスイ、動物の歯などに穴を空け、紐を通して製作された。
腕輪
縄文時代早期末期に登場した装身具。貝製のほか、土製、木製などさまざまな種類があった。

腰飾り、頭飾りなどは女性よりもむしろ男性の方がつけていたことがわかっている。子どもも首飾りや腕輪をつけていた。

日常的に装飾品を身につけるのは、おしゃれの目的もあっただろうが、それ以上に**魔除けやまじない**の意味が強かった。

ものによっては、身につける前に**シャーマン（呪術師）が祈祷をして、特別な霊力を授ける**ことも行われていた。シャーマン自身もさまざまな装飾品で着飾り、霊力を高めていたようだ。

また、装飾品には地位や権威の象徴という側面もあり、年齢や性別によって身につける数や種類が異なった。とくに土製の耳飾りは通過儀礼を経るなかで大きさを変えた可能性がある。

謎27

縄文土器は、世界最古の土器!?

——時期によって形状にも豊富なバリエーション

縄文時代の名前の由来となり、この時代をもっとも象徴するのが縄文土器だ。

縄文土器には、ふたつの意味がある。

ひとつは、文字通り「土器の表面に縄目の文様がついている」こと。もうひとつは、「縄文時代に作られた土器である」ということだ。

ひとくちに**縄文土器といっても、じつは縄目のついていない土器もある。**とくに草創期につくられたものには縄目の文様がない。それでも縄文土器と呼ばれるのは、それ以前の石器時代に土器がつくられていないからだ。

若干レトリック的な言い方になるが、縄文時代とは、日本列島で土器がつくられ始めたことを契機に始まった時代であり、弥生時代に移行する以前につくられた土器であれば、たとえ縄目の文様がなくてもすべて縄文土器の範疇《はんちゅう》に含まれる。また、縄文

装飾性の高い火焰型土器。土器は煮炊き用の道具として用いられた一方、祭祀の重要な道具でもあった。(馬高遺跡出土)

土器の特徴である**縄目のついた土器は日本列島以外では発見されていない**ことから、地域による違いはあっても、この時代の日本列島をひとつにまとめて「縄文時代」と呼称することになっているのだ。

縄文土器の区分け

一万四千年という長期に及んだ縄文時代だけに、土器も年代や地域によってさまざまなバリエーションが見られる。

草創期の土器は**丸底の深鉢**、早期も深鉢で、地面に挿して使用する底が尖ったものしかなかった。前期になると、床や地面に置きやすい**平底型**や、盛り付け用の**浅底型**などが登場した。これが中期を迎えると、それまでの深鉢、浅鉢のほかに**吊り手付きや壺型**の土器が現れる。よく知られている、炎を象《かたど》った**火焔《かえん》型土器**がつくられたのも中期だ。後期には小型の土器が増え、土瓶型のものなどもつくられた。晩期は縄目よりもさらに精緻な文様の小型土器が多く製作され、いっぽうで弥生文化の影響を受けた西日本では文様なしの簡素な土器が見られるようになる。

このように年代による区分けのほか、北海道の北筒《ほくとう》式、北海道・北東北の円筒式、東北の大木式、北関東の加曽利《かそり》式、中部の曽利《そり》式、北越の馬高《うまたか》式、近畿・中国・四国の船元《ふなもと》式、九州の阿高《あだか》式など、地域による形状や文様の違いに注目した区分けもある。

現存する縄文土器でもっとも古いものは青森県の大平山元遺跡から出土した無文土器で、**約一万六千五百年前**のものだといわれている。

一時期は世界最古の土器とされていたが、二〇一二年に中国江西省の洞窟で約二万年前のものと推定される土器片が発見されている。

日本でも新たな発見を期待したいところだ。

謎28

土器の縄目には、どんな意味がある？

――滑り止めのため？　蛇をイメージした？

土器の登場とともに始まった縄文時代。石器時代の人々が、どのようなきっかけで土器を発明したのかはわかっていない。おそらく、熱などの影響で固まった状態の土を見て、土器づくりのヒントを得たと考えられている。

そうやって生み出された土器は、最初は**食料の貯蔵用**に使われた。腐りにくいドングリやクリなどの堅果類を保管したり、アク抜きをするのに水に浸けたりできるこの道具は、画期的な機能をもった優れものだった。

いっぽう、土器はろくに家具を持っていなかった人々にとっては、移動する際には荷物になる厄介な代物でもあった。温暖化の影響で食料確保が楽になったと同時に、新たに土器という持ち物が増えたことで、定住化が促進されたという見方もできる。

定住生活に土器は欠かせないものだった。食料や植物を煮沸《しゃふつ》できるだけでなく、土器は**食器の役割**も兼ねていた。土器によって、石器時代の原始的な生活がより文化的なものへと発展したのだ。そういう意味で土器の発明は石器以上に革新的だった。

縄文土器のつくり方

縄文土器づくりの工程は、次のようなものだったと考えられている。

①粘土を採取して、平たい石の上などでよくこねる。
②丸い粘土の塊を平たくのばして、底部をつくる（平底の場合）。
③紐状にした粘土を、底から縁に沿ってぐるぐると巻いていく（一本ではなく、輪をいくつも重ねていってもいい）。
④紐状粘土で胴部ができたら、外側と内側から指でかためていく。
⑤へらなどで胴部を撫《な》で付けて平らにする。
⑥取っ手や飾りがある場合は、その形にこねて取り付ける。
⑦縄などを用いて文様をつける。
⑧野外の炉（地面を掘り下げた窪み）で野焼きにする。徐々に熱にならし、八百度まで上げると赤い色に変化する。色が変化した時点で、粘土の塊から土器に

なる。

⑨徐々に火を小さくして熾火《おきび》にする（急な温度変化があると、土器が冷めて割れてしまう）。

焼きに要する時間は半日から一日程度。現代の陶器と比べると、**低温で焼かれるため割れやすかった。**

縄文土器を特徴づけるのが、その名の由来となった縄目である。

縄目をつけた理由については、**「滑り止めにした」「精霊を封じ込めるという意味合いがあった」「蛇をイメージした」**などの説がある。また、土器を回してみると物語性が読み取れる作例もあり、何らかのメッセージが隠されているのかもしれない。

また、縄目以外にも撚糸文《よりいともん》、爪形文《つめがたもん》、沈線文《ちんせんもん》など、単純な反復する図形が描かれているものもある。中期にはS字状の曲線や土偶をモチーフとした図形などが登場し、どんどん複雑になっていった。さらには、土偶のような意匠があしらわれた出産土器のように土偶と土器が融合する傾向もみられ、土器は縄文人の世界観を伝える貴重な資料ともなっている。

縄文土器のつくり方

土器や土偶の製作は基本的に女性の役割だったっと考えられている。

❶粘土をこねる
川沿いの崖などから採取してきた粘土をこねる。
粒がきめ細かくひび割れずに柔らかく伸びるのがいい粘土。
❷土器の形をつくる
円盤状の底をつくったのち、残りの粘土で土器の全体像を整えていく。
手早く作業を終えないと乾燥してひび割れてしまうので、水をつけながら進める。
❸縄文を刻む
土器の表面に紋様を刻んでいく。
施文具によって、多様な文様がある。
斜縄文
撚糸文
貝殻文
沈線文
爪形文
❹焼く
内側をこすって磨き込み、陰干しで乾燥させたのち野焼きによって仕上げる。

謎29

縄文人は、なぜ土偶をつくった?

――バラバラにされた土偶に込められた思い

縄文土器と並んで、縄文時代を象徴するものが土偶だ。

粘土でつくられた人型の人形のことで、なかでも縄文時代のものを「土偶」と呼ぶ。その特徴は人の形、とくに女性の形をしていることだ。

まれに例外もあるが、出土する**土偶のほとんどは女性をモチーフとしている。**乳房がついていたり、おなかが膨らんでいたり、妊婦をイメージさせる作例が多く、**子孫繁栄や安産を願ってつくられた**ことがうかがえる。また、縄文人にとって赤子を産む女性は**豊穣《ほうじょう》の象徴**でもあった。人々は土偶を作ることで大地の恵みを祈ったのだ。

現在、もっとも古いとされている土偶は約一万三千年前の縄文草創期のもので、滋賀県東近江市の相谷熊原《あいだにくまはら》遺跡、三重県松阪市の粥見井尻《かゆみいじり》遺跡などから出土している。

いずれも首から上のない上半身のみの土偶だが、乳房がついており、ここからも明らかに女性をイメージしていることがわかる。

一万三千年前というと、**縄文人が定住を始めた時期**と重なる。その点が土器と違うところだ。集落を形成して定住生活を始めた人々は、祭祀や呪術の道具、お守り、玩具などとして土偶をつくったと考えられている。

バラバラで発見される土偶の意味とは？

興味深いのは**出土する土偶の大半がバラバラに破壊されている点だ。**わざわざつくったものを、なぜ破壊する必要があったのだろうか？

これは土偶が失敗作だったからではなく、**「土偶を犠牲にすることで、代わりに食物の恵みを受けられる」**という信仰からなされたという説がある。

『古事記』には、高天原を追放されたスサノオによって殺されるオオゲツヒメという女神が登場する。神話では、彼女が死ぬとその体から稲やクリや豆、麦などが生まれたとある。このような神話が縄文の昔から先行してあったという可能性は否めない。

ほかにも一部を破壊することで怪我や病気の回復を祈ったのではないかという見解もある。

いっぽうで、一部の土偶には破壊されたあとはなく、むしろ**アスファルトを接着剤にして修理した痕跡が残っている土偶もある。**用途によって、土偶は壊されたり、大事に扱われたりしていたことが想像できる。

土偶は日本列島の各地で縄文晩期までつくられ続けた。

縄文時代を通じてつくられた土偶だったが、生産数は時期や地域によって差がある。同じ地域でも、温暖化で食べ物に困らない時期はそれほど作られず、**後期以降の寒冷期になると急激に増えていたりする。**これは寒冷期に豊穣を願う祭祀が頻繁に行われ、そのために土偶もたくさん必要とされたからだろう。

土偶づくりの文化は、弥生時代に入ると衰滅してしまう。縄文時代の素朴な信仰は、弥生時代の稲作文化には合わなかったらしい。芸術品でもある土偶がその後の時代もつくり続けられていれば、どんなものが生み出されたのか。それを思うと少し残念だ。

押さえておきたい土偶

「土偶」と聞いて多くの人が宇宙人のような遮光器土偶を思い浮かべるところであるが、一概に土偶といってもそのデザインは多様であり、日本全国でユニークな土偶が数多く発見されている。

【遮光器土偶】

青森県の亀ヶ岡遺跡で出土した縄文晩期の土偶。片足が欠損した状態で発見され、特徴的な目を持つことから宇宙人説まで生まれた。目の部分はイヌイットが雪に反射する光よけに用いる遮光器に似ているといわれる。

青森県つがる市
亀ヶ岡石器時代遺跡出土
東京国立博物館所蔵

【縄文の女神】

スレンダーな女性を模したと思われる縄文時代中期の土偶。高さ45cmで、現存する土偶のなかでも最高を誇る。モデルはシャーマンともいわれる。

山形県最上郡舟形町
西ノ前遺跡出土
山形県立博物館所蔵

埼玉県さいたま市
真福寺貝塚出土
東京国立博物館所蔵

【みみずく土偶】

縄文時代後期の土偶。頭部の形からみみずく土偶と呼ばれるが、実際は当時の女性の髪型を表していると見られる。両耳と目・口に合わせて5つの丸が並んでいる。

謎30

土偶は誰が、どうやってつくった?

――リアルだったり、おどけていたり

土偶はいったい誰がつくったのだろうか。多くの研究者は、衣服や装身具の製作と同じく、その中心にいたのは女性ではないかと考えている。

バリエーション豊かな土偶だけに、そのつくり方にはいくつかの方法があった。材料はいずれも土器と同じく粘土が用いられた。

草創期や早期の土偶は、単純に粘土を手でこねて人形に形成していた。前期においても、この製法の土偶が多かった。

それ以降の時代となると、頭部や胴、四肢をそれぞれつくってつなぎ合わせる分割製作技法が広まった。この技法により細部をより精緻に製作できるようになった。最初から分割しておくと、祭祀などでバラバラにする際に都合が良かったのかもしれない。

SF映画にでも出てきそうなゴーグル状の目をした晩期の遮光器土偶などは、輪積

み法という方法が用いられている。これは土器の製作方法を流用したもので、輪にした粘土を積み重ねて胴部を作り、その上に頭部を乗せ、手や足をつけている。

センスが光る有名土偶

土偶のなかには、**赤色の顔料**で着色されたものもあった。また時代を経るにつれて、細緻な文様が施されるようになる。顔のデザインのバリエーションはじつに豊かで、比較的リアルなものから動物的な顔立ちのもの、仮面をかぶったものなどがある。

いずれもデフォルメがきいていて、現代人の目から見ても新鮮に感じるものが多い。

これまでに、国宝である中期の「縄文の女神」（山形県最上郡・西ノ前遺跡より出土）や「縄文のヴィーナス」（長野県茅野《ちの》市・棚畑遺跡）、後期の中空土偶（愛称は茅《かっ》空《くう》、北海道函館市・著保内野《ちょぼないの》遺跡）、合掌土偶（青森県八戸市・風張1遺跡）、晩期の遮光器《しゃこうき》土偶（青森県つがる市・亀ヶ岡石器時代遺跡）など、形も大きさも製法も異なるさまざまな土偶が発見されている。

いずれも独特の形状で造形されている。縄文人のセンスの爆発ぶりが時空を超えて伝わってくる。

謎31

石棒や仮面は、何のためにつくられた？

――神聖視されていた男女の交わり

土偶ほど一般には知られていないが、縄文人は祭祀の際に石棒や仮面なども使用していた。

石棒は文字通り石でつくられた棒であり、その形状からひと目で**男性器を模したものとわかる**。発見されているなかで最大のものは、長野県佐久穂町にある「北沢川の大石棒」で、長さ（高さ）は二メートル二十三センチだ。石棒には手のひらサイズの小さなものもあるが、いずれも祭祀に使用されていた。

興味深いのは、一部の石棒に先端部をこすったあとがあったり、先端に女性器と思しき装飾がついたものがあったりすることだ。縄文人が男性器や女性器を神聖なものと捉え、男女の交わりに特別な意味を感じていたことがうかがえる。

医学が未発達の時代にあっても、縄文人は男女の交わりによって子どもができることを知っていた。ゆえに**子孫繁栄や生命の再生を願い、男性器と女性器を模したものをつくって祈りを捧げていた**のである。

仮面をかぶって儀式にのぞんだ？

石棒や土偶と同じように、各地でつくられていたもののひとつに仮面がある。土や動物の皮でつくられた仮面は、同じように祭祀で使われていた。仮面という異形は、祭祀の際に**祖霊や神**として認識され、それをかぶった者によって儀式や儀礼が行われていた。歌や踊りの際に使われていたかもしれないし、神話的なストーリーのちょっとした芝居が演じられていた可能性もある。

現存する仮面は目鼻、口だけの原始的なデザインのものが中心だ。なかには岩手県一戸《いちのへ》町蒔前《まくまえ》遺跡から出土した「鼻曲り土面」（晩期）のように、顔が大きく歪んだ愉快な造形のものもある。

目や口の部分は穴が空いているものが多く、また耳のあたりに紐を通したと思しき小さな穴がついていたりするので、実際にかぶって使用していたことは疑いない。

謎32

縄文人が漆器を発明した？

——ウルシを土器や木の道具に塗った

日本には数多くの伝統工芸品がある。なかでも漆器は歴史がもっとも古いとされる。**国内ではじめて漆器が作られたのは、縄文時代早期のことだ。**北海道の垣ノ島B遺跡からは副葬品に使われた約九千年前の漆器製品が見つかっている。

ウルシはウルシ科ウルシ属の落葉高木で、原産地は中央アジアといわれている。日本には縄文時代にはすでに自生していて、木材として活用されることもあった。

縄文時代、いったい誰がどうやって漆塗りを始めたのかは定かではない。大陸からその知識を持った人が渡ってきた可能性もあるが、漆塗りは日本がもっとも古いという説もあり、そうなるとやはり縄文人の発明である可能性が高い。

集落でウルシの林を管理

ウルシの木は、傷つけると樹液が出る。樹液に触れると皮膚がかぶれてしまうが、耐水性には優れている。

縄文人は何かのきっかけで**ウルシの樹液の耐水性に気づき、木の道具や土器に塗ってみた**のだと想像される。

縄文人はウルシを扱ううちに、かき混ぜたり、漉《こ》したりすると粘り気がより増して使い勝手がよくなることにも気がついた。樹液を溶解させるのに、食用にしていたエゴマの油が最適だということも発見した。

ベンガラや土器を焼いたあとの炉に残る煤《すす》などと混ぜると、赤や黒に着色できることも経験から学んでいったのだろう。そうした試行錯誤を繰り返しながら、漆塗りの技術を発達させていったのだ。

ウルシの木は、雑木林では他の樹木に負けて成長できなくなる。

したがってクリ林がそうであるように、ウルシの林も縄文人の手によって植栽、管理されていたと考えられる。ウルシは土器や木製品に艶や色を与えてくれるだけでなく、強度を高めてくれる。縄文人の生活に欠かせなかったウルシの製法は、現代に至るまで脈々と受け継がれてきたのだ。

第5章 縄文人の豊かな食卓

謎33

縄文人は、何を食べていた？

——四季折々の豊かな食生活

縄文人は、いったいどんな食生活を送っていたのだろうか。

狩猟採集民族だった彼らは、その季節に手に入るものを食べていた。したがって四季によって変わる食べ物もあり、食生活は意外に豊かだったと推定される。

別項でも少し触れたが、春夏秋冬で分けてみると次のようなものが採れた。

春——山菜、若草、二枚貝
夏——海水魚、淡水魚
秋——木の実、キノコ、イモ類、果実、鮭、マス類
冬——シカ、イノシシ、ウサギ、野鳥

魚類や動物は基本的にどの季節でも獲れたが、たとえば海水魚は気温や水温が高い夏がとりやすかったし、動物を狩るには木々の葉が落ち、雪上に足跡が残る冬が効率

縄文カレンダー

縄文人の食卓の中心はクリ・クルミ・ドングリ類と山菜。そのほかに魚類と狩りで得たシカやイノシシなどの動物肉が食卓に並んでいた。

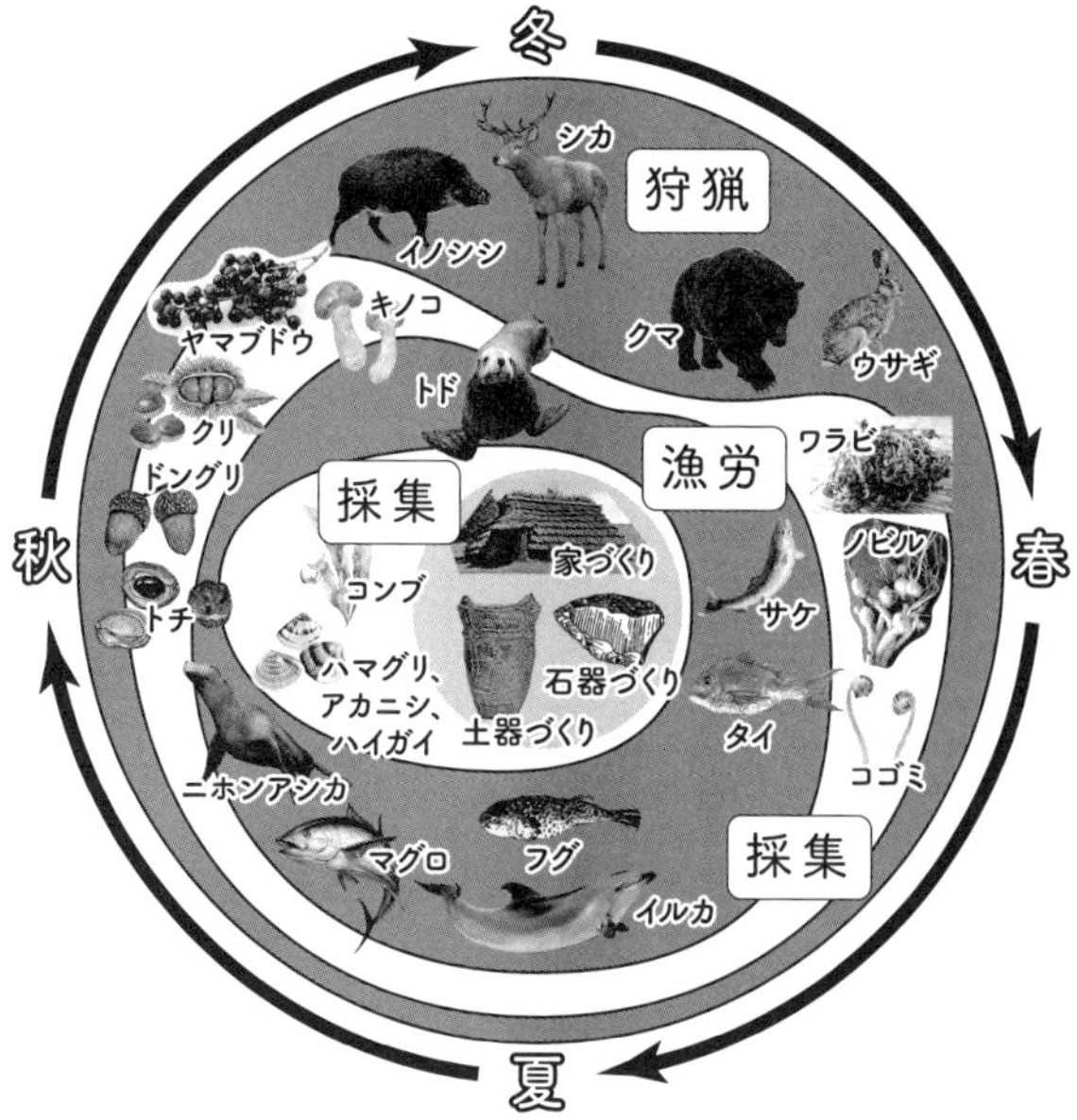

的だった。木の実やキノコは、秋に採れるものがほとんどだった。

現代人の米やパンに相当する**主食となったのがドングリやクリ、トチノミ、クルミなどの木の実だった。**こうした木の実はクリを除くとたいていアクがあったので、採集したら水にさらしてアク抜き（渋みをとる）をするのが基本だった。

アク抜きをした木の実は、そのまま食べずにすりつぶして粉状にし、お粥にしたり、団子やクッキーにして焼いて食べていた。**カロリーの大半は木の実から摂取していた**と考えられている。糖質の摂取にはイモ類が重宝されていた。

野菜もタンパク源も豊富だった

野菜はフキノトウやノビル、タラノ芽、ワラビなど、食べられるものはなんでも食べていた。時代が進むと、豆類などは半栽培されていた。各地の遺跡からは、これまでに約四十種類の植物が見つかっている。その数は実際はもっと多かったに違いない。

タンパク質は、イノシシやシカ、ウサギ、タヌキ、クマ、サル、ムササビ、テン、カワウソなどの山野の動物と、カモやキジ、ガン、ツルなどの野鳥から摂取できた。とくにイノシシやシカはよく獲れたので、主たるタンパク源となっていた。

魚類は、川や湖ではサケやマス、フナ、コイ、ウグイ、ギギがとれ、海ではクロダイ、マダイ、スズキ、コチ、フグ、ブダイ、イシダイ、サメ類などの沿岸魚がよくとれた。貝類はアサリ、ハマグリ、オキシジミ、バイガイ、ツメタガイ、オオノガイなど約三十種類。また、イルカやアシカなどの水棲哺乳類《すいせいほにゅうるい》も狩猟の対象となっていた。

このように、食料のバリエーションはかなり豊かだったのだ。おかげで**縄文人の摂取していたカロリーは、現代人と比較しても遜色がないほどだ。**

草創期と後期以降の寒冷期を除けば、全般的に「食」には恵まれた時代だったといえる。

謎 34

縄文人は、どんな狩猟をしていた？

——犬を使った追い込み猟や、落とし穴作戦も！

大昔の「狩猟」と聞くと、パッと頭に浮かぶのは、いかつい男たちが槍や弓矢を持って動物を追いかけ回している姿ではないだろうか。

しかし、縄文時代の実際の狩猟では、そうした勇壮な場面は少なかったらしいことがわかっている。また、日がな一日、獲物を探し求めて森や草原を歩き回るといったこともなかった。

定住生活を始めた縄文人は、獲物であるシカやイノシシなどの居場所や通り道を、残した糞《ふん》や足跡、過去の経験などからある程度把握していたのだ。そこで獲物をしとめるのに役立ったのが**落とし穴などの罠**だ。

とくに落とし穴は、旧石器時代の遺跡である神奈川県横須賀市の船久保《ふなくぼ》遺跡などに見られるように、日本列島では縄文時代以前から狩猟に使われていた。

狩猟のシーズンは冬だった

縄文人は弓矢や斧などの武器のほか、犬で獲物を追い込んで狩る方法や、落とし穴などの罠を仕掛ける術を身につけて狩りを行っていた。

毛皮をまとっていることからもわかるように、季節は冬。雪の上に残された足跡によって動物を探すことができ、また、イノシシやシカが脂肪を体に蓄えて美味しくなる冬は格好の狩猟シーズンだった。
イヌは狩猟の重要なパートナーとして活用されていた。
黒曜石のナイフを使って獲物のニホンジカを解体する人々。縄文人は主にイノシシやニホンジカ、ガン・カモなどを狩っていた。

現在、発見されている最古の落とし穴は鹿児島県の種子島にある立切遺跡に残る穴で、なんと約三万五千年前のものだといわれている。

大がかりな狩猟はチームワークで

約三万年前のものといわれる船久保遺跡の落とし穴には、長方形の穴と円形の穴の二種類がある。前者はシカ用、後者はイノシシ用だった。どちらも動物の特徴に合わせた形状で、シカもイノシシも一度穴にはまったら身動きがとれなくなった。

縄文時代の落とし穴も、旧石器時代のものを踏襲していた。

底部には、獲物が逃げにくいように木の

杭などが立てられているものもあった。こうした**落とし穴は獣道《けものみち》に掘られたり、動物を追い込んだ先の隘路《あいろ》や窪地《くぼち》につくられたりすることが多かった。罠も同じような場所に設けられた。**

落とし穴猟の利点は、待ってさえいれば獲物がかかってくれるところだ。待ち時間をほかの仕事にあてることもできる。かかった動物は、生きていれば矢や槍、石斧などでとどめを刺した。獲物が大きければ、その場で解体してから運んでいた。

このほか、チームを組んでの大がかりな狩猟も行われていた。見つけた動物を追い立てる係や、弓矢などで仕留める係など、役割分担に応じて行動していた。**狩りにはパートナーとして、鼻のきく犬も同行した。**

ただし、こうしたマンパワーを必要とする大がかりな狩猟は、毎日行われていたわけではなく、一定の決められた日に実施されていたようだ。

謎35

縄文人は、何を採集していた？

――栄養面で欠かせなかった木の実を採集

現在でも、サンマが大漁だったり、巨大なマグロが釣り上げられたりするとニュースになる。

縄文時代もそれは変わらなかった。シカやイノシシを仕留めれば男たちは鼻高々だったはずだし、海や川で魚がたくさん獲れればみんなが興奮したはずだ。

だが、縄文人の活動を支える栄養の面では、そうした動物や魚は、必要なカロリー全体のごく一部しかまかなえていなかった。縄文人を栄養面で支えたのは、むしろ日々口にする木の実だった。**木の実からはエネルギー源となる糖質を摂取できる。**木の実拾いは一見地味だが、活動としては派手な狩猟よりも栄養面でよほど役に立っていたのだ。

こうした木の実の採集はもちろん、山菜や野草を採る役割は女性が果たしていた。

縄文女性たちの採集風景

春を中心に行われた縄文女性たちの山菜摘みの様子。とくに木の実は重要な食料で、土器に貯蔵されてカロリー源となった。

子どもたちも親を手伝いながら仕事を学んだ。
採取されている山菜はワラビ、ゼンマイ、ノビルなど。縄文人は、食べられるものと食べられないものを見分ける知識を身につけていた。
三内丸山遺跡ではイグサ科の植物で編まれたポシェットが出土。首や肩から下げる工夫がされ、採集などに活用していたと考えられている。

縄文時代の女性たちはどの季節にどの植物が食べごろを迎えるかを熟知していて、適切なタイミングで植物が自生する場所へ編み籠を持って足を運んだ。

クリ林をつくっていた縄文人

採集でもっともいそがしかったのは秋だ。**クリやドングリ、トチノミなどの木の実は一斉かつ大量に地面に落ちる。**虫などに食べられる前に拾う必要から、集落中の女性が動員された。ときには子どもや男性も駆り出されたこともあっただろう。

採集は、木の実を拾えばそれで終わりではない。水に浸けてアク抜きをして、乾いたら土器や貯蔵穴に入れて保管する。そうして一年中いつでも食べられるように貯蔵して、次の秋がくるまでの一年に備えたのだ。

採集を繰り返していた人々のなかには、効率の良さを求める人もいた。やがて知恵の回る人々は森の中に木の実が大量に採れる場所を見つけるだけでなく、自分でそれをつくってしまう人々が現れたのだ。

青森県の三内丸山遺跡には、**クリの木だけが生えていた林**が存在した。最初から自生していたというよりも、人為的につくられた林である。稲作文化はまだ伝わっていない時期ではあるが、縄文人も「ほしいものは自分でつくる」という半栽培を始めていたのだ。

このような姿勢の人々だったからこそ、あとから稲作文化を携えて日本列島にやって来た弥生人を受け入れることができたのかもしれない。

謎36

縄文人は、どんな漁をしていた？

——地域色豊かな海の幸に舌鼓を打つ

全国にある縄文遺跡の分布を見ると、かなりの数の遺跡が沿岸部、もしくはかつて海が入り込んでいたと推定される場所にある。縄文時代というと山野で暮らす人々の姿が頭に浮かぶが、貝塚の存在が物語るように、その山野はじつは海と隣り合わせであった。

人々はなぜ沿岸部に暮らしたのか。大きな理由として、**海から得られる食料の存在**が大きかっただろう。

海での食料確保は決して難しくない。砂浜や干潟の貝ならば、女性や子どもでも容易に採れた。旧石器時代から、シカの骨などでつくった釣り針を用いた釣りは行われていた。シカの骨からは、魚を突くモリやヤスなどもつくられた。現代の釣り針と同様、この頃から釣り針やモリの先端には獲物がはずれにくいようにカエシが付けられ

縄文人が食べた魚介

沿岸部に暮らす縄文人たちも、季節や地域に応じた魚を食べていた。

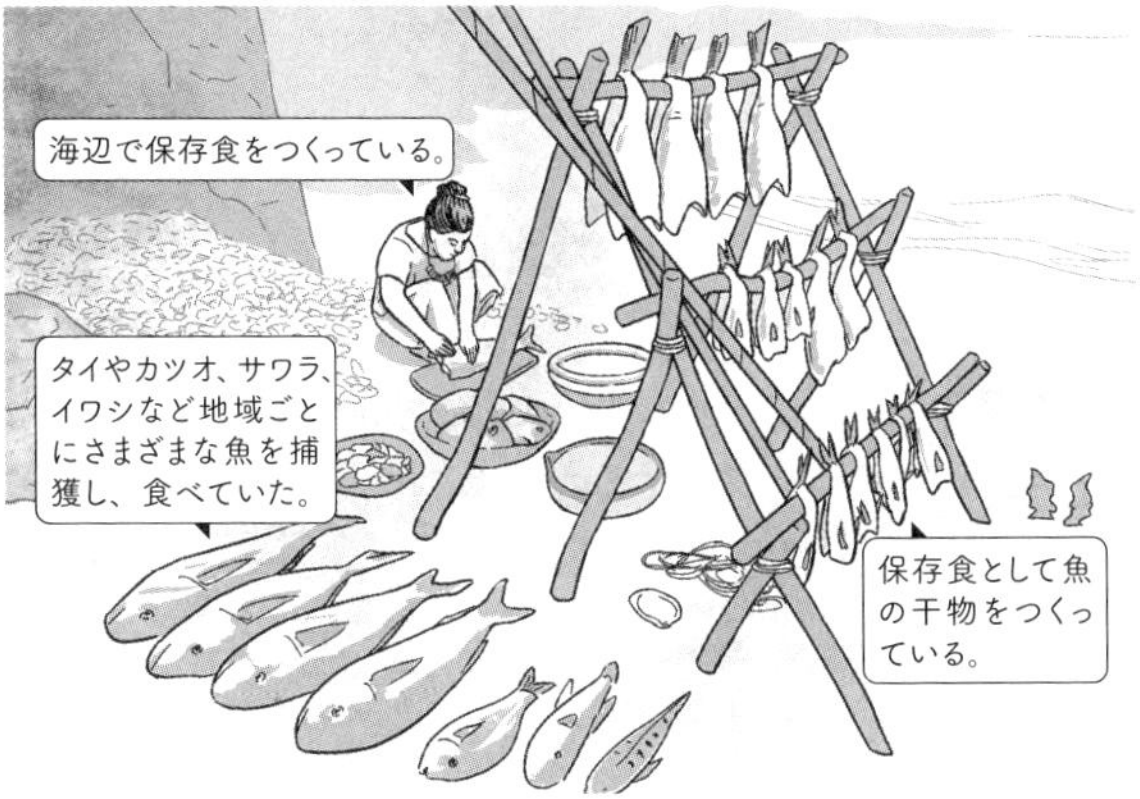
海辺で保存食をつくっている。
タイやカツオ、サワラ、イワシなど地域ごとにさまざまな魚を捕獲し、食べていた。
保存食として魚の干物をつくっている。

ていた（付いていないものもある）。植物を編んだ網も存在していた。それを証明するように、網漁に使う土器製の錘《おもり》が出土している。

素潜り漁や網も活用

縄文人は漁具を丸木舟に積んで漁に出た。外洋ではマグロ、カツオなどの回遊魚やイルカ、トド、アザラシなどの海棲哺乳類《かいせいほにゅうるい》を仕留め、岸から近い場所ではアジやイワシなど小型魚を獲っていた。潮の状態によっては、岩礁から魚を突いたり釣ったりしていた。

貝塚からは、砂地で採れる二枚貝だけでなくアワビなども見つかっている。アワビはまれに海面近くにもあがってくるが、たいていは海面下数メートルの岩や石についている。アワビの貝殻の存在は、素潜り漁が行われていた証拠となる。

骨が素材となる釣り針などと違い、網は植物からつくられているため証拠としては残っていないが、動物を罠や落とし穴で獲ったように、漁労においても罠的な仕掛けが考案されていたと考えられる。北海道では、河川にサケを獲るための仕掛けがあったことが確認されている。

海でも波が穏やかな内湾や汽水域の浅瀬などに、そうした仕掛けがあったはずだ。もし現在の定置網のようなものがあったとしたら、さまざまな魚が一度に大漁に揚がっただろう。

獲れた魚はその場で開いて天日干《てんぴぼ》しにするなど、保存のための加工がなされた。生魚を煮たり、焼いたりしても食べた。このように、沿岸部の縄文人は海の幸の恩恵をたっぷりと受けていたのだ。

謎37

縄文人は、どんな調理をしていた？

――土器の発明で、食生活は石器時代より格段に豊かに

森から、川から、海から。豊富にとれる食材を縄文人はどんなふうに調理して食べていたのだろうか。

旧石器時代と縄文時代の決定的な差は、土器の有無だ。縄文時代の人々は土器を食べ物の貯蔵や保管に使うだけでなく、調理にも活用した。水を張った土器はドングリなどのアク抜きに使うほか、熱を加えて食べ物を茹《ゆ》でたり、煮たりするのに使われた。イモ類や豆類などのかたいものも、土器で茹でたり煮たりすればやわらかくなった。肉や魚の可食部分も増えたのだ。山菜や若草、キノコ、肉類、魚介など、旬の素材をまとめて煮込んだスープや鍋料理のようなものもあった。縄文人にとって、土器ほどありがたい道具はなかったと言えるだろう。

主食である木の実類は、**すりつぶして塊にして食べた。**そのまま食べるのではなく、

土器の上で焼いたり、煮たりしていた。挽《ひ》き肉《にく》にしたシカやイノシシの肉などと混ぜて、ハンバーグ状にすることもあったのだ。また、クリやクルミなどもすりつぶしてクッキーにしていた。

そのほかにも、肉や魚を煙でいぶして燻製《くんせい》にしたり、掘った穴に木の葉で包んだ食材を入れて熱と水を加えて蒸したり、焚き火で焼いたりと、現代と変わらない調理法でさまざまな食べ方を考案していた。ヤマブドウやナシなどの果実、新鮮な牡蠣《かき》などは生で味わっていた。

素材の味を楽しむほか、塩や醤を調味料とした

調味料に使われたのは**塩**だ。海に近い集落の人々は、汲んだ海水を土器で煮詰めて塩をつくっていた。

塩があれば、たいていの食べ物はおいしく食べられた。塩は食べ物の長期保存にも向いていて、**肉や魚は塩漬けの状態で保管された**。

塩漬けの習慣は、思わぬ副産物をもたらした。

塩に漬けるうちに発酵した肉や魚からは醤《ひしお》（味噌や醤油の元）がとれた。これも調

味料に使われた。

煮込み料理などを始めた縄文人は、肉や貝などからだしが出ることにも気がついたはずだ。自然の産物には、それ自体に旨味成分が含まれている。

舌が肥えていた縄文人は、たとえ塩がなくても素材そのものの味を楽しんでいたことだろう。

謎 38

縄文人は、貝塚を何のためにつくった？

――ゴミ捨て場ではなく、神聖な祈りの場

縄文時代を象徴するもののひとつに、「貝塚」がある。縄文時代そのものの発見のきっかけとなった大森貝塚をはじめ、千葉県の加曽利貝塚、弥生時代まで存続した宮城県の里浜貝塚などが有名だ。

貝塚は定住生活が定着した縄文時代早期、沿岸部に見られるようになったもので、**縄文人の食生活を探る貴重な資料**となっている。

ただ、貝塚と聞くと、貝殻がたくさん出土することから、なんとなく「生ゴミの捨て場」といった印象を抱きがちである。実際、少し前まで貝塚は縄文人の共同ゴミ捨て場と考えられていた。

それが最近では貝塚に対するイメージは大きく変わり、ゴミ捨て場どころか、むしろ**神聖な場所**であったと考えられるようになった。

というのも、貝塚からあまりに多種多様なものが出土するからだ。

現在、確認されている貝塚は全国に約二千四百ヶ所。

中期にかけて大型化が進み、貝塚からは貝殻は言うに及ばず、土器や土偶、石棒、さまざまな道具や装身具、人骨、動物の骨などが出土している。

もちろん、ゴミ捨て場と言えなくはないのだが、それにしては人骨などは丁寧に埋められていて、なかにはその場で祭祀が営まれた痕跡もある。つまり、貝塚は**祈りの場**であったのだ。

加曽利貝塚の貝塚層。

貝塚は「送り場」だったのか

縄文の人々は、なぜ貝塚で祈りを捧げたのだろうか。

現代にも息づくアイヌ文化には、**「送り」の習慣**がある。

この習慣は食べたものや使ったものの再生を願うもので、そのためにアイヌの人々は祈りを捧げるための場所、**「送り場」**を設ける。

万物に精霊や神が宿ると信じていた縄文人も、この「送り」と似た考えを持ち、貝塚を神聖な祭祀の場にしていたのだ。そう考えると、貝塚から食べ物以外の物が出てくるのも納得できる。

貝塚が、もし単なるゴミ捨て場だったとしたらどうだろう。

日本で最初に貝塚を調査したモース博士は、そこから人骨が出てきたのを見て、縄文人が人肉食（人喰い）をしていた可能性について触れている。

この見解は特段、縄文人を野蛮人扱いしたわけではない。貝塚がゴミ捨て場であったという前提で、人骨が出土した理由を推測していたら人喰いの可能性が浮上したに過ぎない。

現実には、食べ物が豊富な環境にあって、怪我人や障害のある仲間の介護までしていた縄文人が人肉を食べていたとは考えにくい。

その点、「送り場」として貝塚を捉えれば、墓所としても使われていたことにもすんなりと合点がいく。

貝塚は縄文時代の人々が生き物や食べ物、さまざまな道具などの再生を願った場所である。

縄文人はゴミ捨て場すら無駄にしない、エコな暮らしをしていたといえるだろう。

謎39

縄文人は、どんな道具を使っていた？

――土器のほかに石器や楽器まで！

土器や土偶、漁具、装身具などのほかにも、縄文人はさまざまな道具をつくっていた。なかでも生活に役立っていたのは、旧石器時代から使い続けてきた石器だ。

縄文時代ともなると、石器といえども原始的なものではなく、使い勝手がいいようにかなりの加工が施されていた。砥石で研いだ石匙《いしさじ》（せきひ）は包丁の役目を果たしたし、もう少し大きな石斧は形状によって土掘りや樹木の伐採、加工などさまざまな場面で活躍した。ほかにも石器は、平たいものはまな板や作業台、石皿として、持ちやすいものはさらに磨かれて木の実を叩く敲石《たたきいし》などに使われた。

土器のなかには器としてではなく、器を置く台座としてつくられたものもあった。土偶のなかには人の形とは別に、イノシシや犬、クマ、シャチなどの動物を模してつくられた土製品もある。

石や土で楽器もつくられていた

出土品のなかには、楽器（もしくは楽器と考えられるもの）も複数見つかっている。もっともシンプルなものは石に孔《あな》の空いた**石笛**だが、自然に孔が空いたものだけでなく、あきらかに人工的に孔が開けられたものもある。

土でつくった楽器には口を当てる吹き口や指穴のついた**土笛**、穴や鍔《つば》のついた**太鼓**らしき土器（有孔鍔付土器）、空洞にした内部に粘土の玉を入れた**鈴**（**土鈴**《どれい》）などは有名だ。また北海道や青森県、滋賀県の遺跡からは**琴**の一部だったのではないかと思われる細長い板も出土している。こうした楽器は、当然ながら祭りの際などに大活躍した。

道具づくりに重宝されたのが**黒曜石**だ。ガラス質で加工しやすく、しかも切れ味のよい黒曜石は、ほかの石とは比較にならないほどの優れものであった。西日本では同様の性質を持つ**サヌカイト**も重宝された。石だから多少は重かったが、腐ることのない黒曜石やサヌカイトは交易の品にはもってこいだった。質のいい石は人気があり、たとえば長野県で採れた石が北海道で使われたりしていた。列島中に張り巡らされた縄文人の交易ルートは、黒曜石やサヌカイトが広げてくれたのだ。

第6章

稲作は、縄文晩期に始まった!?

謎40

縄文時代、世界では何が起きていた？

――四大文明では鉄器や文字の使用、階級も発生

日本の縄文時代、世界はどんな様相を呈していたのか。

縄文時代は、世界史的に見れば中期までは新石器時代、後期と晩期は青銅器時代、鉄器時代とほぼ重なる。地質年代でいうと草創期は更新世で、以後は現代へと続く完新世にあたる。

この頃、日本列島以外の土地に住んでいた世界中の人々は、どんな暮らしをしていたのだろうか。その多くは縄文人とさして変わらない磨製石器を使っていて、定住生活を始めたのもこの頃だ。**草創期の縄文人の暮らしは世界のスタンダード**だったのだ。

暮らしの様相に違いが生じてくるのは、約一万一千五百年前、縄文早期以降である。この頃から、地中海に面した中東地域（現在のイスラエル周辺）で**農耕や牧畜**が始まる。人々は小麦や大麦、エンドウ豆、レンズ豆などを栽培することを覚え、ブタや

ヒツジ、ウシなどの家畜を飼育した。中国でも、**米の栽培**が八千五百年ほど前から始まった。

対して日本列島では、クリや豆類を半栽培し、犬は飼育していたものの、本格的な農耕や牧畜は行われていなかった。その主たる理由は、気候が温暖で食料に困らなかったこと、農耕や牧畜を行っている地域から地理的に離れていたことが挙げられる。

平和な時代が長く続いた日本列島

縄文後期になると、世界は青銅器の時代に入っていく。

メソポタミア文明、エジプト文明、インダス文明、中国文明のいわゆる**四大文明**の時代だ。

四大文明の時代では、たとえば農業では**灌漑《かんがい》農業**が取り入れられてさらに進化し、社会の中では貴族や奴隷などの**階級制**が生まれ、人口が集中して都市が造られた。各文明独自の文字も使われるようになった。

さらに縄文晩期になると、世界は青銅器から**鉄器**の時代へと移行する。いっぽうでその頃の日本列島では、依然として狩猟採集生活が継続していた。

青銅器や鉄器の存在は、人々の生活を各段に便利にしてくれた。しかしその代償として、都市や国家では人々の間に階級による格差が生まれ、争いごとも起きるようになった。

縄文時代は文明の発展度合いという尺度からすると、同時代の世界からは遅れていたかもしれない。しかし、平和で穏やかな社会が一万年以上もの長い期間、継続したという意味では、世界史上でも驚嘆すべき評価に値する時代といえよう。

謎41

縄文人は、なぜ稲作を始めた？

——背景には、寒冷化による食料事情の悪化が！

日本列島に稲作が伝わったのは縄文時代晩期のはじめ、約三千年前のことである。実はこの頃、縄文人はとても困っていた。

縄文後期以降、**温暖だった気候が寒冷化したことで、食料事情が急激に悪化していたのだ。**

縄文中期、日本列島全体で約二十六万人にも及んだ人口が、何と三分の一以下の約八万人にまで減少してしまったのだから驚きだ。大型の集落は姿を消し、人々は小規模な集落に分散して居住するようになっていた。出土する土偶の数が増えるのもこの時代で、縄文人たちが土偶に豊かな実りを願ったことがうかがえる。

この時代の縄文人は、自分たちの先祖が食料の確保で悩むことのない豊かな生活を謳歌していたなどとは知らずに生きていたことだろう。

それでも北海道から東北にかけて、縄文晩期には亀ヶ岡文化という縄文時代の掉尾《ちょうび》を飾るにふさわしい文化が花開いていた。芸術性の高い**遮光器土偶**が生まれたのもこの時代だ。人口の減った縄文人だったがこの地域だけは例外で、一平方キロメートルあたり〇・六人の人口密度を保っていた。

北で亀ヶ岡文化が花開いていたこの時期、日本列島のほかの地域の縄文集落は廃れてしまっていた。そんななかでもそこそこの活気があったのが西日本、とくに九州北部だった。

その理由としては、寒冷化にともなって東日本から西日本に移住する人々が多かったからではないかといわれている。

九州北部は、大陸や朝鮮半島に近い。縄文晩期になると、海の向こうから縄文人とは顔立ちの違う人々が頻繁に渡ってくるようになった（その逆もあっただろう）。海の向こうから来た人々は、**稲作の知識と籾《もみ》**を持っていた。

そうした人々や彼らと出会った縄文人が稲作を始めたのだが、これが結果として縄文時代の終焉を招いたのだ。

農耕が始まったのは必要に迫られたから？

もっとも、**大陸から稲作文化が渡ってきたからといって、すぐに日本列島全土に広まったわけではない。**

縄文時代の人々、とくに九州北部の人々は縄文中期頃から、この世界には農耕というものが存在することを知っていた。まれに海を越えてやって来る人々から、アワやヒエなどの雑穀栽培を教わっていたのだ。だが、すぐに食料が手に入る狩猟採集に比べて、作物の栽培は収穫までにどうしても一定の手間と時間がかかる。こうした理由から、農耕はなかなか普及しなかった。

縄文晩期になると、食料事情の悪化から、物は試しで稲作に挑戦する人たちが現れた。米は貯蔵がきくし、食べてみればほかの雑穀よりもずっとおいしい。水田づくりは面倒でもつくるに値すると考えた人が出てきたのだろう。少しずつ日本列島の稲作が始まったのだ。

謎42

稲作は、どのように普及した？

――東日本に普及するまで、八百年もかかっている！

現代の日本を旅すると、北海道を除くと全国どこに行っても同じような水田が広がる風景を目にすることができる。田んぼはまさに、日本人の「原風景」なのだ。

しかし、その**水田が日本列島に広まるまでには数百年もの歳月が必要だった。**一万四千年もの間、連綿と続いた縄文文化は、そうやすやすと稲作を受容しなかったのだ。

年表ではわかりやすく表記する目的もあってか、縄文時代と弥生時代は紀元前千年頃に入れ替わっている。しかし、実際はそんなに単純なものではなかった。

じつは当時の日本列島の大部分ではまだ狩猟採集文化の状態にあり、縄文時代も並行して続いていたのである。

日本ではじめて稲作が行われたのは縄文後期の終わり頃か晩期のはじめ、約三千年前といわれている。実存する水田跡でもっとも古いものは晩期後半のもので、佐賀県

日本における稲作の伝播

水田稲作は九州に伝来後、西日本に浸透すると、600年もの時間をかけて、弥生時代前期〜中期までにようやく東北地方へと達した。

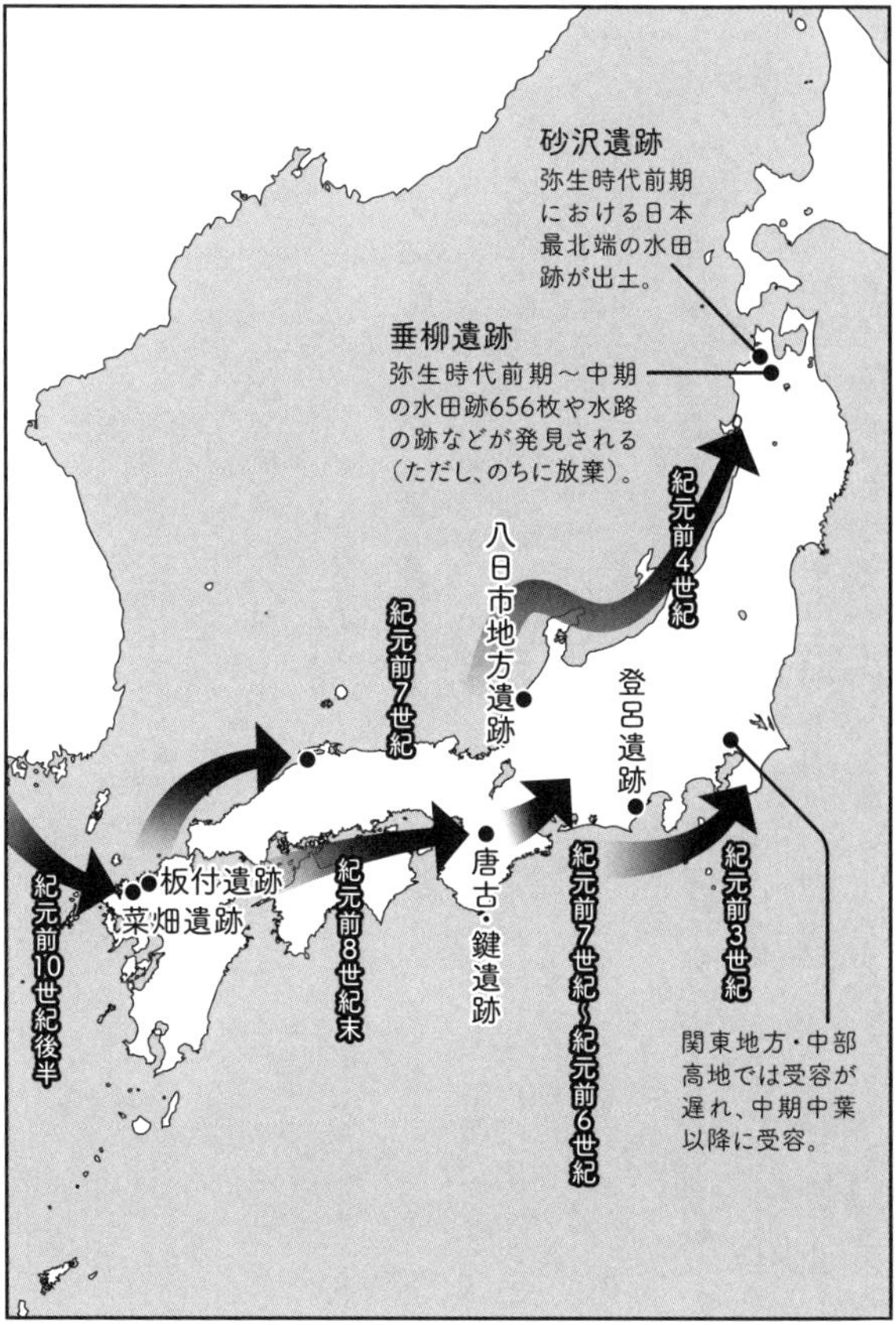
砂沢遺跡
弥生時代前期における日本最北端の水田跡が出土。
垂柳遺跡
弥生時代前期〜中期の水田跡656枚や水路の跡などが発見される(ただし、のちに放棄)。
紀元前4世紀
八日市地方遺跡
紀元前7世紀
登呂遺跡
板付遺跡
菜畑遺跡
紀元前10世紀後半
紀元前8世紀末
唐古・鍵遺跡
紀元前7世紀〜紀元前6世紀
紀元前3世紀
関東地方・中部高地では受容が遅れ、中期中葉以降に受容。

唐津市の菜畑《なばたけ》遺跡にある。そこで始まった稲作が、どうやって日本列島に波及していったのだろうか。

縄文時代晩期に九州北部でスタートした稲作は、イメージとしては水が浸透するようになめらかに日本列島を東へ、北へと広まっていったように思える。しかし、実際はそうではなかった。九州北部で稲作が始まっても、東日本にはなかなか到達しなかった。西日本ですら、稲作が広まるのに四百年もかかっているのだ。

東日本で稲作が始まったのは北東北から

稲作がようやく西日本に普及してからも、約二百年もの間は東日本には広がらなかった。そうこうする間に、歴史上は年表が示す時代の境をまたぎ、縄文時代から弥生時代へと移行する。

東日本ではじめて稲作が行われたのは、ようやく弥生時代前期のことだ。現在わかっている限りでは、青森県弘前市の砂沢《すなざわ》遺跡にある水田跡が東日本では最古のものと言われている。驚くべきことに、中部地方も関東地方も飛び越えて、いきなり北東北の地に水田が作られたのだ。これは当時の人々の行動範囲を知るうえでも、貴重な資料となる。

当時の北東北は多くの人口を抱えて栄えており、西日本との交流も保たれていた。そこで稲作に関する知識を得た人物が水田づくりのノウハウを北東北に持ち帰ったか、もしくは稲作の技術を備えた人物に北東北に来てもらったかして、稲作に挑戦したに違いない。

ただ、この東日本初となる試みは残念ながら頓挫してしまう。砂沢集落の人々は、十年ほど稲作を続けたものの、思うような収穫が得られなかったのか米づくりを断念してしまうのだ。

結局、**東日本の人々が本格的に稲作を始めるのは弥生時代中期まで待たねばならなかった。**菜畑遺跡で稲作が始まってから、**実に八百年もの年月が経過している。**

北海道や沖縄では、弥生時代を通して稲作は行われなかった。これは気候が稲作に向いていなかったからだ。

稲作ひとつを尺度にしても、縄文時代と弥生時代は複雑に重なりあっている。ふたつの時代をきれいに分けるのは、なかなか難しいのである。

謎 43

縄文の遺跡の特徴とは？

――巨大集落や祭祀のあとなど、見所が満載！

日本全国には旧石器時代から江戸時代、明治以降の遺構も合わせれば無数といっていいほどのたくさんの遺跡がある。そのうちもっとも数が多いのが九万を超える縄文時代の遺跡だ。

とくに北海道や北東北の縄文時代の遺跡は規模の大きなものが多く、二〇二一年には「北海道・北東北の縄文遺跡群」としてユネスコの世界遺産にも登録されている。

北海道・北東北の代表的な縄文遺跡

ここでは、世界遺産に登録された北海道、北東北の十九の構成遺産のうち代表的な遺跡をいくつか紹介しよう。

＊大平山元遺跡《おおだいやまもと》（青森県東津軽郡外ヶ浜町）

世界遺産になった縄文遺跡

北海道・東北に点在する縄文遺跡のうち、三内丸山遺跡、大湯環状列石などの遺跡が世界遺産に登録され、縄文人の生活を今に伝えている。

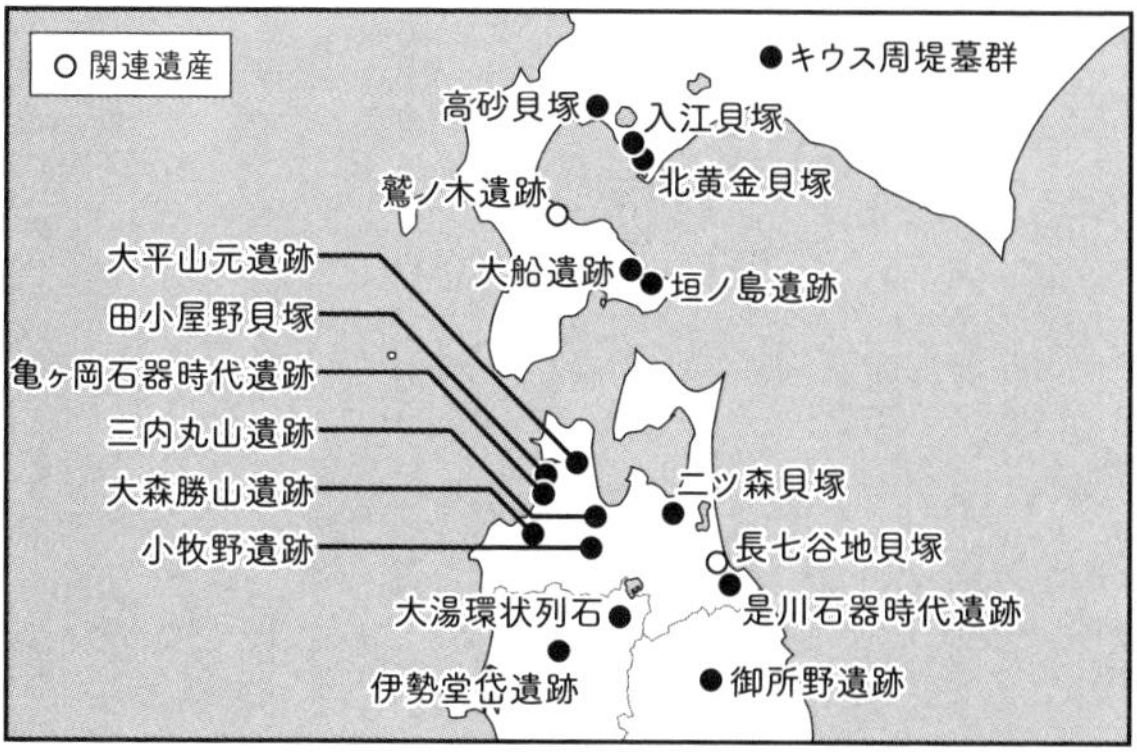

○関連遺産
●キウス周堤墓群
高砂貝塚
入江貝塚
北黄金貝塚
鷲ノ木遺跡
大平山元遺跡
田小屋野貝塚
亀ヶ岡石器時代遺跡
三内丸山遺跡
大森勝山遺跡
小牧野遺跡
大船遺跡
垣ノ島遺跡
二ツ森貝塚
長七谷地貝塚
是川石器時代遺跡
大湯環状列石
伊勢堂岱遺跡
御所野遺跡

旧石器時代から縄文時代草創期の遺跡。陸奥湾へと至る蟹田《かにた》川の河岸段丘上にある。石器の採石場だった場所で、最新の測定の結果では約一万六千五百年前のものではないかとされる、国内最古（世界最古級）の土器片が発見されたことで有名。

竪穴住居跡がないことから、旧石器時代以来の移動生活と縄文時代の定住生活の間に位置する遺跡としても注目されている。

＊三内丸山《さんないまるやま》遺跡（青森県青森市）

本書にもたびたび登場する、縄文時代前期から中期の巨大集落跡。現在、見られるものとしては国内最大級の縄文遺跡である。

その数八百にのぼる竪穴住居跡、床面積

八十坪の大型竪穴建物跡、高床式の掘立柱建物跡、櫓状の大型掘立柱建物跡、列状に並ぶ土坑墓《どこうぼ》などの他、クリ林跡や集落内道路跡など貴重な遺構が多数発見されている。食料となった魚や動物の骨、堅果類、また漆器、木器、骨角器などの遺物、黒曜石やヒスイ、天然アスファルトなど、他地域との交易を示す鉱物や加工品も出土している。

★垣ノ島《かきのしま》遺跡（北海道函館市）

約六千年にわたって人が住み続けた集落跡で、竪穴住居が並ぶ居住域と土坑墓の墓域が離れたところに設置されている。祭祀に使用されていた長さ百九十メートルの盛土遺構は国内最大級。海に面していて、遺跡からは漁網に使っていた石錘が多数発見されている。土坑墓からは子どもの足形のついた副葬品の土板が見つかっている。

★大船《おおふね》遺跡（北海道函館市）

海に近く、クジラやオットセイなどの骨が多数出土している。百以上の竪穴住居跡が見つかっている拠点集落跡で、なかには深さ二・四メートルという大きな住居跡もある。同じ函館市内の垣ノ島遺跡同様、祭祀に使われた盛土があり、多数の土器や石器が出土している。

＊亀ヶ岡《かめがおか》石器時代遺跡（青森県つがる市）

縄文時代晩期の「亀ヶ岡文化」の中心地。土坑墓が集まる大規模な墓域があり、土偶や玉などさまざまな副葬品が出土している。遮光器土偶の発掘場所としても有名。

これらのほかにも、縄文遺跡は全国に存在する。

まずは自宅から近いものから、足を運んでみてはどうだろうか。

第7章

弥生時代　基本の基本

謎 44

弥生時代の特徴は?

——水田による稲作、鉄器、クニ、戦争

一八八四年(明治十七年)三月、東京大学に近い旧東京府本郷区の向ヶ丘弥生(現在の東京都文京区弥生)で見つかった貝塚を、考古学に関心を抱く若者が訪れた。若者の名は有坂鉊蔵《ありさかしょうぞう》。有坂はやがて海軍の技士として中将にまで出世し、また東京帝国大学工学部でも教授となる人物だ。このときはまだ十六歳で、東大予備門(のちの旧制第一高校)の一学生であった。

有坂はこの貝塚で、**表面に文様のない壺形の土器**を発見する。当時、貝塚に詳しい人たちの間では縄目のついた縄文土器の存在は知られていたが、有坂が見つけたものは縄文土器とはまったく特徴の異なる土器だった。

この土器は東京大学に持ち込まれ、貝塚の地層が縄文時代より新しいことから縄文時代以降につくられたものであることがわかった。一八九六年(明治二十九年)、出土

した場所の地名をとり「弥生式土器」と命名された。これが弥生時代の名称の由来だ。

縄文時代とは大きく異なる弥生時代の特徴

弥生時代は、いまから約三千年前の紀元前十世紀頃から紀元後三世紀にかけての約一千二百年間続いた時代区分である。前章で述べたとおり、弥生文化の流入は九州北部から始まり、その他の地域に広まるには数百年を要した。

ここでは日本で稲作がスタートした時点（約三千年前）をひとつの目安としたい。

この時代の特徴は、大きく次の四つにある。

①水田による稲作の開始
②鉄器の伝来
③クニ（小国家）が生まれる（人々に明確な身分差ができる）
④戦争が始まる

①～④のどれも、縄文時代には見られなかったものだ。そして縄文時代と大きく違うのは、縄文時代が一万四千年続いたのに比べ、一千二百年ほどで次の時代（古墳時代）へと移り変わったことだ。

謎
45

弥生時代は、どう区分されている？

――クニから国家へ、社会がどんどん複雑に

縄文時代と比べて期間は十分の一以下とはいえ、弥生時代も一千二百年間は続いており、緩やかにではあっても、その間に弥生人の生活に変化が見られている。果たして弥生時代はどんな変遷をたどったのか、その流れを俯瞰《ふかん》してみよう。

弥生時代は、二十年ほど前までは紀元前四世紀頃に始まったとされていた。それを覆したのが、国立歴史民俗博物館の研究チームが二〇〇三年（平成十五年）に発表した研究報告だった。稲作開始当時の土器の付着物の年代を測定した結果、弥生時代は通説から一気に五百年をさかのぼり、紀元前十世紀頃に始まっていたことが判明したのである。

弥生時代は、現在、早期（前十世紀～前八世紀前期）、前期（前八世紀中期～前四世紀前期）、中期（前四世紀中期～後一世紀前期）、後期（後一世紀中期～後三世紀中

四つに区分される弥生時代

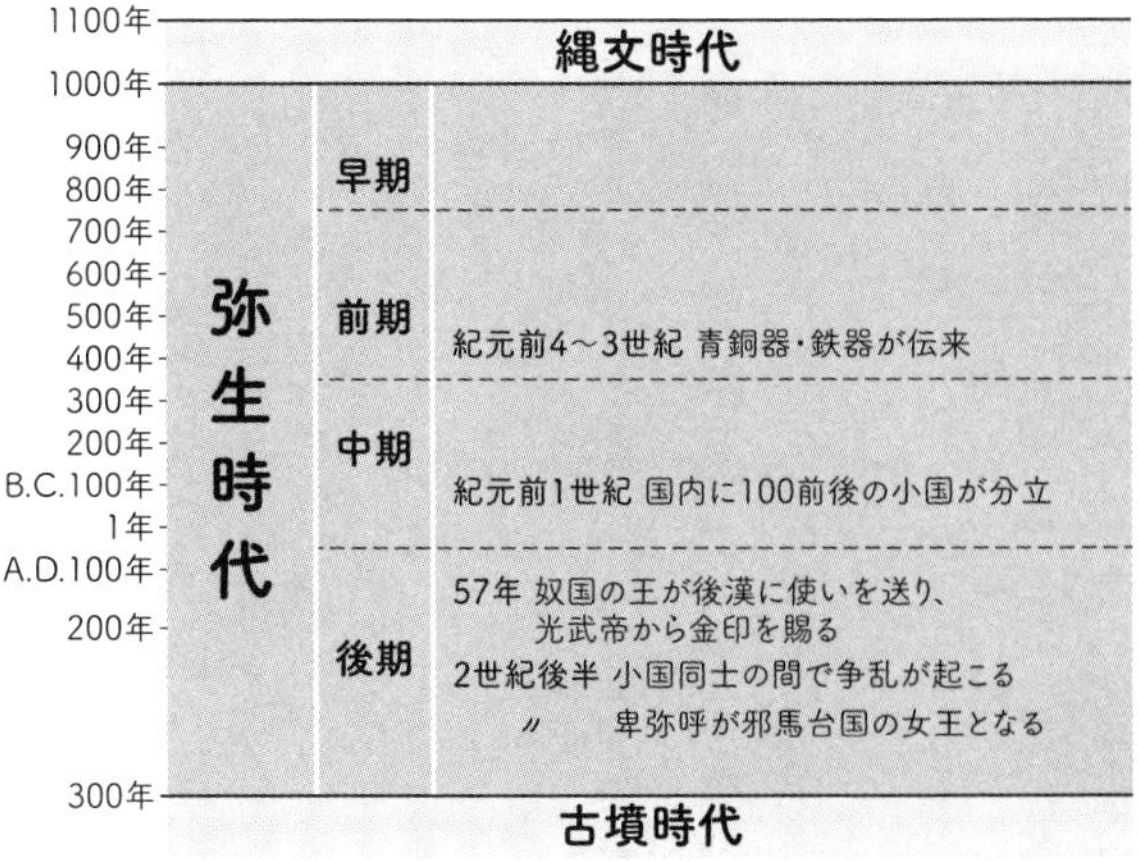

1100年
1000年
900年
800年
700年
600年
500年
400年
300年
200年
B.C.100年
1年
A.D.100年
200年
300年
縄文時代
弥生時代
早期
前期
中期
後期
紀元前4～3世紀 青銅器・鉄器が伝来
紀元前1世紀 国内に100前後の小国が分立
57年 奴国の王が後漢に使いを送り、
光武帝から金印を賜る
2世紀後半 小国同士の間で争乱が起こる
〃 卑弥呼が邪馬台国の女王となる
古墳時代

期）の四つに区分されている。

このうち早期は日本で稲作が始まったばかりの時期で、縄文晩期と色濃く重なっている。稲作をしている地域を弥生時代、していない地域を縄文時代として日本列島を色分けしたら、この頃はまだ縄文時代の色の方が広い地域を占めていたはずだ。

その配分に大きな変化が生まれたのが前期だ。この頃になると西日本に稲作が普及し、東日本でも北東北に水田がつくられた。耕作地を持った人々の間で、土地所有の概念が少しずつ生まれていった。

前期の終わり近くになると、**大陸から鉄器が入ってきた。**

当時の社会にとって、鉄器の登場は産業

革命に匹敵する出来事だった。丈夫で長持ちする鉄製の道具は、それまでの石器とはまったく次元の異なる文明の利器であった。鉄器と同時に、青銅器も入ってきた。ただ、こちらは鉄器と比較すると生活道具としての性能や拡張性に劣り、祭祀用の銅鐸《どうたく》や銅矛《どうほこ》などに利用されるにとどまった。

青銅器がもう少し早い時代に日本にもたらされていれば、海外のような青銅器時代が隆盛を極めたかもしれない。しかしすでに鉄器が存在していたため、日本ではついに青銅器が時代の主役になることはなかった。

社会が複雑化していった弥生時代

中期になると、いよいよ「クニ」ができ始める。

「クニ」とはいくつかの村（集落）がまとまってできた政治的集合体で、**小国家**と呼べるものだ。「クニ」ができる以前に、すでに集落内、集落間では貧富の差や身分差も生まれていた。農耕文化の宿命ともいえる、水や土地をめぐる諍《いさか》いも発生していた。

そして中期の終わり頃には、「クニ」の数は百を数えるまでに増加する。

後期では、とくに西日本で「クニ」同士の争いが激しくなる。奴国《なこく》の王が後漢《ごかん》の皇帝から金印を贈られたのも、この頃のことである。いっぽうでこの頃になると、稲作はもっとも遅かった関東地方でも始まっている。

大陸から、当時の日本は「倭国《わこく》」と呼ばれるようになり、二世紀後半、卑弥呼《ひみこ》が邪馬台国《やまたいこく》の女王になる。邪馬台国ができた頃、日本には約三十の「クニ」が存在した。

俯瞰してみると、弥生時代は稲作によって生まれた土地所有や貧富の差の概念から集落間の争いが生まれ、それが「クニ」を形づくり、やがて社会がひとつの国家へとまとまっていく準備期間に当たっていたことがわかる。

素朴だった社会が複雑化していく。それが弥生という時代といえるだろう。

謎46

弥生人は、どんな容貌をしていた？

——一重でのっぺりした顔、縄文人とは大違い！

縄文時代の人々を縄文人と呼ぶように、弥生時代の人々は弥生人と呼ばれる。ひとくちに弥生人といっても、すべての人が同じような特徴を持っていたわけではない。広義の弥生人は、大別すると、① **大陸から渡ってきた渡来系弥生人**、② **もともと日本列島に住んでいて弥生文化を受け入れた元縄文人の弥生人**、③ **①と②の混血、の三種類**になる。ここでは①に絞ってみていきたい。

縄文時代においても、日本列島は完全に孤立していたのではなく、大陸や朝鮮半島との行き来が多少はあった。さらに縄文時代晩期になると、ある程度まとまった数の人たちが大陸から日本列島へと渡ってきたのだ。

この頃、長江流域などを中心に大陸ではすでに農耕がさかんであった。それにともなって、貧富の差や争いごとがたびたび起きていた。そうした災難を避けて、より安

縄文人と弥生人

稲作とともに渡来した弥生人は、縄文人と対照的な姿をしていた。

縄文人（男性の場合）		弥生人（男性の場合）
平均162cm	身長	平均163cm
長い	手足	短い
彫りが深い	顔	のっぺりしている
二重	瞼	一重
高い	鼻	低い
厚い	唇	薄い
上下の歯がぶつかり合う	歯の噛み合わせ	上の歯がやや前に出ていてぶつかり合わない
濃い	体毛	薄い

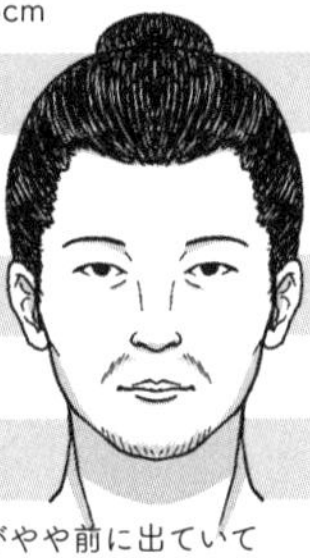

全で住みやすい場所を求めて故郷を旅立つ人たちが存在したのだ。そうした人々が山東半島や朝鮮半島を経由して日本列島に渡り、「弥生人」となったのである。

渡来系弥生人の外見的な特徴

大陸から来た渡来系弥生人は、縄文人とは違った外見を持っていた。

目・瞼《まぶた》——一重《ひとえ》（縄文人は二重《ふたえ》）

輪郭——卵型で長細い（縄文人は角ばっていてえらが張っている）

鼻——低い（縄文人は高い）

唇——薄い（縄文人は厚い）

歯——上顎が下顎より前に出ている（縄文人は上の歯と下の歯が重なる）

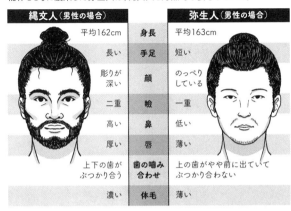

身長――男性は平均一六三センチ（縄文人は一六二センチ）
　　女性は平均一五〇センチ（縄文人は一四九センチ）
手足――短め（縄文人は長め）
体毛――薄い（縄文人は濃い）

縄文人は、自分たちとは異なる外見を備えた弥生人と、どう接したのだろうか。
もちろん揉めることもあったかもしれないが、集団的な争いを知らない縄文人は、大陸から来た人々を受け入れたと想像できる。弥生人のもたらした稲作や道具に、魅力を感じる縄文人もなかにはいたことだろう。そうしたなかで**縄文人と弥生人の血が混じり合い、現在の日本人へと変わっていった。**

もっとも大多数の縄文人、とくに東日本の人々は当初、弥生人とは接触しなかった。
両者は西と東で住み分けができていて、だからこそ稲作の普及には年月を要したのだ。

謎47

弥生時代の「所有と格差」の原因は？

――経済的格差と階級の差が原因で、争いに発展

縄文時代とは異なる弥生時代の大きな特徴は、すでに挙げたように、水田による稲作、鉄器の使用、クニ（小国家）の誕生、争いごと（戦争）の勃発、などである。

これらは一度に起こったものではなく、ひとつの流れとして捉えることができる。

まず稲作。稲作を行うには灌漑《かんがい》施設である水田が必要となる。小さな水田なら家族単位でつくることもできるが、いくつも必要となると大勢の人間の力がいる。大陸から渡ってきた弥生人は、最初、ごく小規模の稲作を始めた。そこにもとから住んでいた縄文人や、あとからやって来た弥生人が加わることで稲作は広がっていった。

水田は、それまで所有の意識が希薄だった人々にその概念を与えた。「この土地は誰のものか」「この水源は誰が使うのか」を考えるようになったのだ。それまで、**実際は誰のものでもなかった土地や水に、その権利を主張する「所有者」が現れた。**

土地や収穫量をめぐって戦いが勃発！

組織的な稲作が始まると、水田を持つ者と持たぬ者の間に貧富の差が生まれた。

持つ者は、集落を束ねるリーダーとなった。さらに鉄器の登場で農作業が効率化されると、集落や水田はより大規模になり、より多くの人口を養えるようになった。こうして、経済的格差や階級差がより明確になっていったのだ。

稲作は必ずしも毎年、うまくいくわけではなかった。天候の不順や害虫による被害、災害などによって不作の年もあった。場所によっても収穫量に違いが生じた。

耕地が広がると、当然、隣接するほかの集落との間に軋轢《あつれき》が生まれる。お互いに助け合う良好な仲ならいいものの、そうでない場合は争いに発展した。とくにいっぽうが利を得て、いっぽうが損を被るケースの場合、話し合いではおさまらず、力による解決方法が選ばれるようになった。

また、極端な不作で食料が不足した場合、集落の長はほかの集落から奪うという苦渋の決断を下さなければならなかった。そんなきっかけで戦いが始まることもあった。

そうして戦いが繰り返されるうちに、弱い集落は滅ぶか強い集落に支配されるようになり、強い集落はより強固な組織である「クニ（小国家）」へ発展していった。

大陸で起きた悪夢が日本でも

小国家同士の争いとなると、これはもう戦争と呼ぶべきレベルだ。

こうした格差から争いへと続く流れは、日本列島ではこの弥生時代にはじめて起きた。しかし大陸では、もっと以前から見られた現象なのだ。

日本に渡ってきた渡来系弥生人は、そうした災いから逃げてきたはずなのに、結局は新天地の日本でも同じことを繰り返してしまったわけだ。牧歌的な縄文時代と比較すると殺伐としたイメージもある弥生時代だが、これは日本に限った話ではなく、世界各地でこうした人々の意識や行動の変化は起きていた。階級差のある社会や戦争は、人間の哀しい性《さが》といえるのかもしれない。

弥生時代はいっぽうで、稲作や鉄器による新しい恵みを人々にもたらした。

自然にべったりと頼るのではなく、**ある程度自力で食料がまかなえるようになったことで、縄文晩期に八万人にまで減少していた日本列島の人口はプラスに転じていく**のである。

謎 48

弥生時代にも、気候変動があった？

――寒冷化と温暖化が稲作の普及に大きく影響

縄文時代が長く続いた理由のひとつは、日本列島が**温暖な気候に恵まれていた**からだ。縄文人は豊富な食料の恵みにより、早期の二万人から二十六万人へと人口を増やした。

しかし**縄文晩期になると温暖な気候は冷涼化し、縄文人の大切な食料源である植物相が変わってしまう。**とくに東日本に多かった落葉広葉樹林が減少したことで、縄文人が主食にしていた木の実が以前ほど採れなくなった。

人々はクリやトチノキなどの半栽培を進めることで食料確保に励んだが、それでも急激な人口減少を避けることはできなかった。

シカやイノシシなど、食料となる動物も植生の変化によって生息域が変わってしまい、それまでの狩猟の経験を生かせなくなったのだ。

そこへ到来したのが稲作だった。

水田や水路づくりは労苦をともない、米の収穫まで長い月日がかかってしまう。それでも**食料を安定的に確保できる**点は非常に魅力的であり、革新的であったのだ。

気候に左右された稲作の普及

その頃の日本列島は、まだ冷涼だった。それもあってか、稲作はなかなか広まらなかった。弥生時代の最初の三、四百年間は全般的に見て太陽活動の停滞期にあたり、米の収穫量は年によってかなりばらつきがあった。稲作が始まって百年ほど経った頃には早くも集落間で戦いが起きているが、もし収穫量が毎年安定していれば状況は違っていたことだろう。

気候が安定的に温暖化したのは、ようやく紀元前六世紀頃に入ってからだった。

この頃には米の栽培がしやすくなり、稲作は西日本全体へと広がった。しかしこの温暖化は、東日本に残る縄文人の暮らしにも同じく恩恵をもたらしたため、稲作の普及は濃尾平野あたりでストップしてしまうのだった。

いったん足踏みしてしまった稲作は、紀元前四世紀頃に気候が一時的に寒冷化すると、再び起こった食料難を打開しようとする意識が高まったためか、東北地方に波及する。

やがて東北に根付いた稲作文化が南下し、**最終的には関東地方でも始まるに至るのだが、それは気候が再び温暖化した紀元前三世紀から紀元前一世紀頃まで待たねばならなかった。**

その後、日本列島の気候は数年、数十年おきに冷涼化と温暖化を繰り返していく。ただ、縄文時代のような何百年、何千年もの長いスパンで温暖な期間に恵まれることはなかった。

こうしていったん普及した稲作は、日本人の精神文化の一端を担い、現代に至るまで途切れることなく続くこととなったのだ。

謎49

弥生人の年間スケジュールは？

――稲作が加わり、多忙な春夏秋冬を送る

弥生人は一年を通して、どんな生活を送っていたのだろうか。

一千二百年にまたがる弥生時代の暮らしをひとくくりにするのは難しいが、ここでは稲作をしていた人々の一年のようすをたどってみよう。

弥生時代といえば、一にも二にも稲作のイメージが強いようだ。

そのイメージはある程度は当たっているものの、弥生人は稲作だけをして生きていたわけではない。当時の稲作は、現在と比較すると耕作技術も未熟で品種改良もできていなかったために、**収穫量は現在の二割ほど**でしかなかったといわれている。

稲作の収穫だけでは、とても食べていけなかったのだ。そもそも人間の健康には、糖質以外にも、タンパク質や鉄分、ビタミンなどのほかの栄養が必要である。

そこで**弥生人は、縄文時代から引き続き狩猟採集も行っていた。**

春には若草や山菜、二枚貝などを採り、秋にかけては漁労に精を出した。秋から冬はイノシシやシカ、ウサギなどを狩った。木の実やキノコも採集した。家畜の飼育や栽培地の管理などの仕事は増えたが、基本的に縄文人と同じような狩猟採集生活をしていたのだ。

弥生人は縄文人よりいそがしかった！

いっぽうで、本業ともいえる稲作にも力を注いだ。

春には田植えを行い、秋の稲刈り、脱穀に至るまで、共同作業を欠かさず稲作に励んだのだ。水田の管理には、かなりの労力を費やしたと考えられる。また、**米以外にもアワやヒエなどの雑穀も栽培し、秋から春にかけては麦も育てた。**

ほかにも、新しい道具をつくったり、道具を修繕したり、さまざまな祭祀も行っていた。新田の開発や、それにともなう水路づくりも共同作業で取り組んだ。

こうして見ると、弥生人は縄文人よりも、ずいぶんといそがしい生活を送っていたのがわかる。もちろん、これだけのことを営むにはひとりの力では限界があるので、お互いに助け合う必要がある。そのため分業化が進んでいき、必然的に集落の人口は

弥生カレンダー

弥生時代の人々は、縄文以来の狩猟・採集・漁労に加え、稲作や畑作、家畜の飼育まで行っていた。

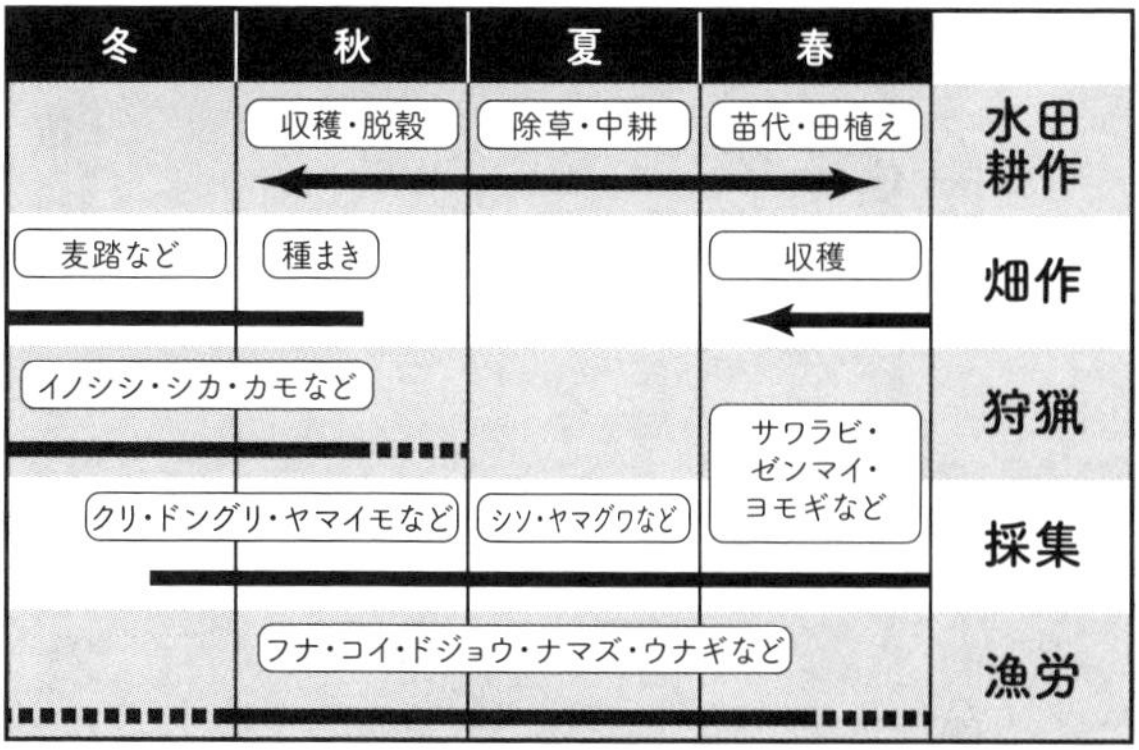

冬
秋
夏
春
水田耕作
収穫・脱穀
除草・中耕
苗代・田植え
畑作
麦踏など
種まき
収穫
狩猟
イノシシ・シカ・カモなど
サワラビ・ゼンマイ・ヨモギなど
採集
クリ・ドングリ・ヤマイモなど
シソ・ヤマグワなど
漁労
フナ・コイ・ドジョウ・ナマズ・ウナギなど

縄文時代よりも膨らんでいった。

いそがしいのは日常生活だけではない。ほかの集落との争いが始まると、身を守るために自分たちの居住地を要塞化する必要に迫られた。**集落のまわりには柵をめぐらし、外側を濠で囲んだ環濠集落が造られるようになった。**これにも多くの人手を要した。

縄文時代に比べると、弥生時代は目まぐるしい毎日だったが、その代わり弥生人には自分たちの手で育てた稲や麦を収穫するという大きな喜びがあった。

これは縄文人が味わえなかった、弥生人の幸せといえるのではないだろうか。

謎 50

弥生人は、どんな信仰を持っていた？

――鳥は穀霊を運んでくれる神の使い

アニミズムが行き渡っていた縄文時代、人々は海や山、川、森、そして動物や植物、はては自らが用いる石器や土器、土偶など、自分たちを取り囲む森羅万象に精霊が宿っていると信じていた。

その縄文人から狩猟採集文化を受け継いだ弥生人もまた、そうした**精霊への信仰**を持ち続けたと考えられている。

それにプラスして稲作が始まった弥生時代には、**豊穣をもたらす穀霊と祖霊（先祖）に対する信仰**が一般に広まっていった。とくに穀物の霊に対する信仰心は篤く、各地で祭祀や儀式に使った**鳥形の木製品やシャーマンを描いた土器**などが見つかっている。

鳥形の木製品が見つかるのは、この時代の人々が鳥を穀霊を運んでくれる神の使い

弥生時代のシャーマンのイメージ

指は3本で表現されており、動物の角などを持って鳥の爪を表現していたと考えられる。また爪とは別に盾や矛を持つこともあった。
顔には鳥のくちばしのような仮面をつけていた。
弥生中期の土器絵画から、春には鳥に扮したシャーマンが祭りを主宰して豊作を願った様子がうかがえる。

とみなしていたからだ。

弥生時代よりも後の話になるが、神武天皇にまつわる神話には八咫烏《やたがらす》が登場するし、日本武尊《やまとたけるのみこと》も、最期を迎えたあとに、魂が白鳥に姿を変えて飛び去ったとされる。

そのほかにも、島根県津和野市には「鷺舞《さぎまい》」という神事が現在も残っているし、東南アジアの一部でも、祭祀などで鳥に扮した踊り手が雨乞いの舞を行っている。『山城国風土記《ふどき》』の逸文にも、餅を的にして矢を射たところ、白鳥となって飛び去ったという話が登場する。このように、鳥と穀霊を結び付けた信仰は長い期間続いたようだ。

稲作を行う人々にとって、穀霊を運んでくれる鳥は特別な存在なのだ。

職業化が進んだ弥生時代のシャーマン

大阪府の池上曽根《いけがみそね》遺跡からは、**龍の絵が描かれた弥生時代後期の土器**が発見されている。龍は水を司る生き物であった。いうまでもなく、稲作に水は欠かせない。弥生時代の人々は龍を崇拝して水の恵みを享受していたのだ。

ほかに祭祀の道具として、男女の姿をした木偶《もくぐう》や木製の琴、イノシシなどの動物の骨、銅鐸、銅矛などの青銅製のものがあった。縄文時代の石棒に代わる木製品もあった。

弥生時代の祭祀は、穀霊や祖霊崇拝が加わったことにより頻繁に行われた。それを司るのがシャーマンだ。祈りを捧げ、神託を授けられるシャーマンは時を経るとともに人々の尊敬を集めるようになり、「クニ」ができると高位に就《つ》く者も現れた。

シャーマンの外見的な特徴は時代が進むほど装飾品が増えることで、埋葬時の副葬品も多かった。当時の鳥信仰を反映してか、**鳥の姿に扮したシャーマンを描いた絵画土器**も発見されている。また、副葬品のなかには子ども用の品もあり、シャーマンが世襲制だった可能性を示している。弥生時代のシャーマンは、後世の僧侶や神職のように職業として成り立っていたのかもしれない。

謎51

弥生人には、どんな身分制度があった？

——首長・平民・奴隷の三つの階層に分化

弥生時代は、日本にはじめて「身分」というものが生まれた時代でもある。

初期の頃はまだ明確な身分差はなかったが、中期、後期と時代が進み、「クニ」が成立すると、身分差は社会の中で制度化されるようになった。

中国の歴史書「魏志倭人伝（『三国志』の中の「魏書」第三十巻烏《う》丸鮮卑《がんせんぴ》東夷《とうい》伝《でん》倭人条）」には、当時の日本の「クニ」には、**「大人《たいじん》」「下戸《げこ》」「生口《せいこう》」の三つの階層が**あったと記されている。「大人」は首長やその一族、またそれに次ぐ地位の人々だった。「下戸」は平民階級、「生口」は戦争による捕虜などの奴隷階級を指す。

「大人」に属する人々は肉体的な労働は行わず、政治や行政、祭祀などを執り仕切っていた。「下戸」は「大人」に命じられた仕事に従事し、「生口」はさらにきつい労働に当てられ、いわば「物」として扱われた。

階級差は、住む家や墓にも違いを生んだ。

大人の住む家や墓は大きく立派で、ひと目見ただけで下戸とは身分や力の差があることがわかった。また、下戸以下の人々は大人に会うと頭を下げるなどの礼を尽くした。

クニが大きくなり、人の数が増えていくと、各階層のなかにさらに細かい階層ができた。大人層でいうなら、王の下に大臣や地方長官的なポジションが生まれ、神官や軍人など、職務に応じた地位の人が現れた。

このように、弥生時代はクニという入れ物の中に、古代国家のもととなる社会制度が少しずつ形成されていったのだ。

なぜ身分制度が生まれたのか

同じ人間でありながら、どうして身分の差ができてしまったか。

その理由を追求すると、行き着くのは稲作である。

大人となった人々は、簡単にいうと**稲作における成功者**だったのだ。弥生時代も後半になると、農具の進歩などにより、水田の所有者は自分たちが食べる以上の米を収穫することができるようになった。

豊かになった人々は「大人」となり、それ以外の人々は「下戸」となった。大人は下戸を率い、さらに水田を広げることができた。**余剰の米は、青銅器や鉄器と交換するのに用いられた。**こうした財は大人の権威をさらに高めるのに役立った。

彼らは自分の力を示すために大きな墳墓を造り、ときにはほかの土地の人々と戦うことも厭《いと》わなかった。戦いに勝利すれば、さらなる土地や労働力である「生口」を手にすることができたからだ。

「持つか持たぬか」、この違いが弥生時代の身分制度をつくったのである。

謎52

弥生人は、どんな言葉を話していた？

――弥生語には「サシスセソ」「ハヒフヘホ」がなかった!?

弥生人はどんな言葉を話していたのだろうか。

縄文時代と同様に文書が残っていないため、これについては想像するほかない。

弥生時代の言語についてはいまだ研究途上にあり、決定的な仮説が出ていないのが現状だ。

ただ時代の流れから、縄文時代の章でも述べたように、それまで使われていた**縄文語に大陸から渡ってきた人々の言葉が入り混じって、のちに『古事記』や『日本書紀』で使われる上代《じょうだい》日本語ができた**と考えるのが自然な筋道だ。

弥生時代末期の遺跡である兵庫県の大中《おおなか》遺跡にある播磨町郷土資料館には、神戸市外国語大学名誉教授だった長田夏樹氏によって再現された、弥生語の展示コーナーがある。

そこにある弥生語は左のようなものだ。

ヤァイマツィタティ（やあ、みなさんこんにちは）

ユルルカニミティユキタマピヨ（ゆっくり見て行ってください）

音声でも聴くことのできる想像上の弥生語には、サ行（サはツァと発音）やハ行（ハはパと発音）がなかったり、上代日本語に大陸の言語が組み合わされていたりと、現代の日本語とはだいぶかけ離れている。

それでも名詞、動詞、形容詞のなかには現代語に通じるものがあったり、発音についても現代の日本語に近いものがあったりして、聴いているとなかなか興味深く感じられる。

まだ統一国家のなかった弥生時代には、大中遺跡で話されていた（と想像される）言語だけでなく、似たような言語がいまでいう方言のような形で日本列島のあちらこちらで話されていたのだろう。

大陸や朝鮮半島の言語を操る通訳もいた

こうした言語とは別に、大陸との交流があった弥生時代には、**大陸や朝鮮半島の言語を話したり、読み書きできたりする通訳がいた。**『日本書紀』には、雄略《ゆうりやく》天皇（五世紀）の時代に中国人や朝鮮人の通訳がいたという記述がある。

少しさかのぼった弥生時代の末頃にも、すでにそうした外国人通訳や、もともと大陸から来て通訳となった人々がいたと考えるのが自然だ。日本語が独立した言語であった以上、そうした通訳の存在は不可欠であったのだ。

第8章

弥生人のライフスタイル

謎53

弥生人は、どんな家に住んでいた?

——建築技術の進歩により、竪穴住居がバージョンアップ!

建材が少なくて済むうえに、夏は涼しく冬は暖かいという、コストパフォーマンスに優れていた竪穴住居。

弥生時代の人々も、縄文時代に引き続いて竪穴住居に暮らしたことはすでに述べた。もっとも、弥生人が縄文式の竪穴住居をそのまま使い続けていたかというと、答えは否だ。

縄文時代の竪穴住居は、円形もしくは楕円形だった。これに対して、弥生時代に入ると徐々に**四角い竪穴住居**が建てられるようになった。

その理由として考えられるのは、**建材の進歩**だ。縄文時代の竪穴住居は、柱も梁も屋根の骨格も丸太だった。これは石器の斧では、木材を加工するのにも限界があったためだ。

吉野ヶ里遺跡の南内郭、柵で囲まれた一画に復元された竪穴住居「王の家」。

弥生時代になると、**鉄器の登場によって丸太を板材に加工できるようになった**。この板材が、家を建てるときに重宝され、直線的な板材により四角い家が生まれた。

≫ベッドに排水溝まで備える

四角い家は、物を並べて置くという点でも便利だった。

縄文時代に比べて農具などの持ち物が増えた弥生時代の人々は、道具や家具の置き場所にも頭を使ったことだろう。するとやはり、現代の家屋と同様に円形よりは四角い家の方が物を整然と置くには都合がよかったのだ。

ほかにも弥生時代の竪穴住居には、内部

に土を盛り上げた寝台（ベッド）らしきものがあったり、住居の内外に排水用の溝が掘られていたりと、生活の知恵を感じさせる遺構が多く残っている。同じ竪穴住居でも、**弥生時代の竪穴住居は縄文時代のものより洗練されていた**のである。

佐賀県の吉野《よしの》ヶ里《がり》遺跡には「クニ」の王や支配者層が暮らした竪穴住居が復元されている。

さすがに王の住居は広く、たたずまいも立派だが、竪穴住居であることに変わりはない。一万年以上の歴史を持つ竪穴住居に取って代わる住居は、そう簡単にできなかったということだろう。

謎54

弥生時代、住居以外にどんな建物があった？

——稲を保管する倉庫や三階建ての建物まで！

竪穴住居の発達からもわかるように、弥生時代には建築技術が向上したため、建物のバリエーションも増えていった。果たして弥生時代の集落には、住居のほかにどんな建物が立ち並んでいたのだろうか？

弥生時代の建物は、**「住居としての竪穴建物」「作業場などに使われた平地式建物」「倉庫や祭殿《さいでん》などにされた高床《たかゆか》建物」**の三種類に大別できる。

吉野ヶ里遺跡に代表される弥生時代後期の大規模な遺跡には、竪穴住居のほかにも、高床倉庫や高床住居、屋根倉、祭殿、炊屋《かしきや》、穀物倉、物見櫓《ものみやぐら》、櫓門《やぐらもん》など、さまざまな建物跡が見られる。弥生時代は集落の人口が増えたぶん、このような用途別の建築物が増えていったのだ。

食料の保管については、最初の頃は縄文時代以来の貯蔵穴を使っていたが、時代が進むにつれて高床倉庫へと切り替わっていった。**稲の保管という意味では、穴よりも高床の倉の方が向いていた**のだ。

高床建物でもうひとつ注目したいのは、**二階建て以上の建物**が登場したことだ。吉野ヶ里遺跡の北内郭に復元された主祭殿は、三階建てになっている。当時の最先端をいく高層建築だったに違いない。

トイレは縄文時代を引き継ぐ

縄文時代に比べて進化した感のある弥生時代の建築物だが、ことトイレに関してはあまり変わっていない。それらしき遺構がないので、**弥生時代の人たちも排泄については縄文時代と変わらず、川や道端などで済ませていた**ようである。

人に見られても格段恥ずかしさも感じず、排泄時の姿を見るのはお互いに当たり前の光景だった。この感覚は庶民レベルでは、平安期あたりまで変わらなかったという。

鎌倉期に入ると、糞尿は畑の肥料として使われるようになった。そこでそれを貯めておくための汲み取り式便所が必須になった。日本におけるトイレの普及は、弥生時代から数えてなお一千年の年月を待たねばならなかったのである。

謎55

弥生人は、どんな集落で暮らしていた？

――外敵から身を守るため、濠や柵をほどこした環濠集落

水田や土地、水、それに「自分たちの命」というように、守るべきものが増えた弥生時代。人々は外敵の襲来に備えて、**「環濠《かんごう》集落」という防衛機能の高い集落**に住んだ。環濠集落は稲作とともに大陸から伝わってきたもので、縄文晩期の遺跡である福岡県の板付《いたづけ》遺跡の環濠集落跡が国内では最古といわれている。

環濠集落とは、文字通り、集落の周囲を濠（水を張ったもの）や壕（水を張っていない空堀）で囲った集落で、その多くは濠や壕の周りにさらに丸太を組んだ高い柵をめぐらせていた。空堀の場合は、「環壕集落」と書く場合もある。

環濠集落の入口には**櫓門《やぐらもん》**があり、見晴らしのいい場所には**物見《ものみ》櫓《やぐら》**が建てられていた。

また、濠の外側にも尖った枝つきの逆茂《さかも》木《ぎ》や乱杭《らんぐい》が埋められ、外敵を寄せつけにくい構造をとっていた。佐賀県の吉野ヶ里遺跡のように規模が大きいと、外濠と内濠の

環濠と丸太の柵に守られた吉野ヶ里遺跡。

ふたつがあり、**もっとも安全な内濠の内側に王やその一族が住んでいた。**弥生時代後期の吉野ヶ里遺跡の面積は約四十ヘクタール。もはや「城」と呼んでいい規模だ。

濠や柵が戦争を防ぐ抑止力に

もちろん、こうした環濠集落は一朝一夕で造れるものではない。吉野ヶ里遺跡とて、それができた弥生前期頃は最大時の二十分の一ほどの小さな環濠集落であった。

それが、**人口が増えるとともに拡張され、巨大化していった**のである。

ときに環濠集落は戦いの舞台にもなった。その証拠に吉野ヶ里遺跡ひとつ見ても、戦いで負傷した痕跡のある人骨が出土している。もっとも、戦いがそう頻繁に起きていたわけではない。環濠集落はむしろ、戦いを防ぐ抑止力として働いていた。V字型の深い濠や柵や物見櫓など、その堅牢な守りを見た敵は攻める意欲をなくしてしまう。戦いに備えた環濠集落は、じつは戦いを避けるためのものでもあったのだ。

百以上の小国家が乱立し、覇権を争っていた弥生時代後期には、環濠集落はもはや必須のものとなる。たとえ王といえども、柵や濠で囲まれた環濠集落の内側でないと枕を高くして眠れなかったことだろう。

謎56

弥生人は、どんな米を食べていた？

――始まりは陸稲から？　米にまつわる試行錯誤

弥生時代といえば、まず頭に浮かぶのは米だろう。

水稲栽培ができるすべての地域で稲作が始まるまで約八百年もかかったとはいえ、**米に縄文時代を終わらせる力があったのは間違いない。**

それでは、当時の米はどんなものだったのだろう。

正確な数はわからないが、大陸から日本列島に伝来した米の品種は数種類があったようだ。神奈川県の大場富士塚遺跡や滋賀県の下之郷《しものごう》遺跡など各地の遺跡からは、東南アジアでよく見られる**熱帯ジャポニカ種の炭化米**が見つかっている。こうした遺跡では、ほかにも日本の気候に適した**温帯ジャポニカ種**が出土している。

これらの品種は同時に同じ場所から渡来したのではなく、別々のルートから入ってきた可能性が高いと考えられている。研究者の間では、まず熱帯ジャポニカ種が持ち込まれ、その後に温帯ジャポニカが入ってきたという説が有力視されている。

多品種栽培で不作のリスクを回避していた

先行して入ってきたと思われる熱帯ジャポニカの特徴は、水田で栽培する水稲《すいとう》だけでなく、野菜のように**畑で栽培する陸稲《りくとう》が可能**な点にある。そのため縄文時代晩期に最初に入ってきた米は、当初、水田ではなく畑で栽培されていた可能性が高い。

上から円形で中粒もしくは短粒の形状のジャポニカ種、細長い形状のインディカ種、幅が広く、大粒のジャバニカ種。日本で栽培されるのは、ふんわりと軟らかく、弾力性に富む炊きあがりのジャポニカ種である。

熱帯ジャポニカを追いかけるように、水稲栽培が必要な温帯ジャポニカなどの品種が入ってくると、熱帯ジャポニカも水田で作られるようになった。

現在の水田では単一品種による栽培がなされているが、**当時の水田では、何種類もの米が同じひとつの水田で栽培されていた。**出土した炭化米を調べると、同一地点から出土しているにもかかわらず、大きさがまばらなケースによく出くわす。詳しいDNA解析などを待たなくても、この事実から多品種を同時に栽培していたことがわかる。

それではなぜ、弥生人は異なる品種を同じ場所で栽培したのだろうか。

答えは想像の域を出ないものの、多くの研究者が挙げるのが「リスク回避」だ。

一品種だけに絞ると、天候や災害の影響でその品種がうまく育たないと収穫がゼロになってしまうが、多品種にしておけば、たとえどれかが育たなくても、どれかが育ってくれれば一定の収穫が見込める。効率性だけを考えれば単一品種に分があるが、多様な品種を植えていたほうが栽培地としては安定する。弥生人は経験から、そうした智恵を身につけたのだろう。

むろん、当時の水田には稲だけでなく雑草もたくさん生えていた。農薬もなかった当時、草刈りなどの手入れは、さぞやたいへんなことだっただろう。

謎57

弥生時代の米は、何色だった？

――赤に黒、緑とカラフルな米が多かった

日本に伝わってきた熱帯ジャポニカ種、温帯ジャポニカ種の起源は大陸の**福建米《ふっけんまい》**だといわれている。福建米が長江流域などで栽培されているうちに、熱帯ジャポニカや温帯ジャポニカなどの品種に分かれていったと考えられている。

野生の稲はもともと色が赤いことから、日本に渡ってきた当初の米も色は赤かったのではないかとされている。**縄文時代晩期から弥生時代にかけて、人々は赤い米を食べていた**ことになる。

このほかにも、緑色色素（クロロフィル）の強い緑米や、アントシアニン（ポリフェノールの一種）の色素を持つ黒米（紫黒米）など、いろいろな色の米が日本に入ってきていた。玄米の一種である黒米は栄養価が高く、現代でも「古代米」として人気がある。

そうなると、弥生人はさまざまな色の米を食べていたわけで、彼らの椀《わん》に盛られた飯はけっこうカラフルだったかもしれない。

ただし、米のなかには精白すれば白米になるものもあったが、弥生時代の人々が白米を口にしていたわけではなかった。

弥生時代の人々は分づき米を食べていた

日本で白米が食されるようになったのは、奈良時代からだ。とはいっても庶民に普及していたわけではなく、この頃の白米はもっぱら貴族階級の人々に限られたものであった。当時の木簡には、玄米を精白したものを「白米（**しらげのよね**）」と呼んでいたという記述がある。

白米は精米に手間と時間がかかることもあって、奈良時代以降も数百年間は貴重品として扱われた。それが庶民の口にも入るようになるには、米の生産量が上がった江戸時代まで待たねばならなかった。白米が日常的に食べられるようになったのは、明治時代以降のことである。

白米を口にしていなかった弥生時代の人々は、玄米を食べていたのでもない。米が来た当初こそ玄米を食べていたかもしれないが、この時代、すでに臼《うす》や杵《きね》は存在しており、**脱穀や精白**は行われていた。完全に糠《ぬか》を取ることは技術的に難しかったかもしれないが、繰り返し精白することで、白米まではいかなくても、そこに至る過程の**「分《ぶ》づき米」**をつくることはできた。

米は精白すると栄養分は落ちるが、食感や美味しさが増す。分づき米をつくるうち、これに気づいた後の人々が、真っ白な米を生み出したのである。

謎 58

弥生人は、どんな水田で米を育てた？

――自然まかせから、苗を育てて植える方式へ

弥生時代と現代の米づくりを比較してみると、稲という植物が育つプロセス自体は変わらないが、その様相には大きな違いが見られる。

同じ弥生時代でも、年代によって米のつくり方にかなりの差があるのだ。

陸稲以外の米の栽培には、水田が必要となる。この水田を、縄文晩期から弥生時代のはじめにかけての人々は、自分たちでつくることなく自然に頼っていた。**もともとあった湿地に籾をまけば、とりあえず稲が育った**からだ。ただ、自然の湿地には稲の生育の邪魔となるほかの草木が多く、また、湿地の面積にも限りがあった。多くの湿地では水があまり入れ替わらないため、何度か続けていると稲の育ちが悪くなった。

もっと米が欲しいと思った人々は、自分たちの手で水田をつくることを考え出した。

弥生時代の中期以降、鉄器が入ってくると、それまで木製だったスキやクワなどの農

具の刃は鉄製となり、**灌漑施設の工事に耐えられるようになった。**このような条件が整ったところで、それまでの湿田に代わる乾田がつくられるようになっていった。

より現代に近づいた弥生時代後期の稲作

乾田での稲作は、施設をつくる労力はかかるものの、それまでの湿田の稲作よりは効率の面ではずいぶんと改善された。

田に水が引かれるのは、稲作のシーズンだけ。そのため水田に供給される水はいつも新鮮で、丈夫に実る稲が増えていった。初期の頃には直播《じかま》きだった籾も、**苗を育ててから田に植える方法**がとられると、収穫がさらに増大した。大型の農業機械などが存在しないことを除けば、**弥生時代の後期には、春の田起こしから秋の稲刈り、脱穀に至るまで、現代の稲作とほぼ変わらない米作りが行われるようになっていた。**

現代との大きな違いは、水田の形状にある。現代の平均的な水田では、一区画の面積が一反（三百坪）あるのに対し、**弥生時代の水田は二メートル四方程度の小さなもの**がほとんどで、こうした小さな水田が、畔《あぜ》を挟んでいくつも並んでいた。形も四角とは限らず、まるみを帯びた水田が珍しくなかった。

謎59

弥生人は、米をどのように調理した？

――炊いたのか、蒸したのか!?

縄文時代晩期、米がはじめて日本列島に入ってきたとき、人々はそれを煮て食べていたとされる。しかし、米は炊いた方がおいしいとすぐに気がついたため、炊飯が広がった。それにともない、**炊飯用の土器**もつくられるようになった。

静岡県の登呂《とろ》遺跡や福岡県の室岡《むろおか》遺跡群、千葉県の常代《とこしろ》遺跡など、各地の遺跡から炊飯用の土器が多数出土している。その多くは**炊飯を意識した中型サイズの深鍋タイプで、形は底のすぼんだ甕《かめ》形をしている。**ものによっては倒れにくいように支柱が付けられていた。こうした土器からは、人々の炊飯にかけるこだわりが感じられる。

当時はまだ竈《かまど》がないため、炊飯は竪穴住居の炉か屋外で行われていた。火力にもよるが基本的には直火のため、炊き上がりまでそう時間はかからず、火力や量にもよるが二十分程度で炊くことができたと考えられる。

弥生時代の食卓

弥生時代の調理と食事の風景。竪穴住居の中心に置かれた炉で調理が行われ、家族単位で食事がとられている。

炊いた米は高杯に盛り付けられて、手づかみで食べていたという。

弥生時代も犬は変わらずに人間のパートナーとして飼われていた。

弥生人が酒を好んでいたことが「魏志倭人伝」に言及されている。当時の酒は米を口の中で噛んで吐き出して発酵させるという方法でつくられていた。

頸の部分が細くなった壺も弥生時代に登場。貯蔵に用いられた。

米は、甕に入れて直火で炊くという方法で調理された。


炊かれた米は品種によってその食感や味わい、粘り気が違った。もち米のような米ならば手づかみで食べたし、そうでない米は木のへらや匙を使って食べた。

栽培していたときと同じく、食べるときも一種類ではなく数種類の米を混ぜて炊いた可能性もある。また、アワやヒエなどの雑穀やほかの食材と混ぜて、縄文人が食べていたような煮込み料理をつくっていたかもしれない。

炊く、蒸すを繰り返した日本人

炊飯用の甕のほか、弥生時代の土器には底に穴をあけた甑《こしき》がある。これは**米や豆を蒸すのに使われた**のではないかといわれている。いまでいう蒸籠《せいろう》のようなものだ。

この甑の存在から、弥生時代の人々も米を蒸していたという説もある。

ただ、米が付着した土器が多数見つかっていることから、一部にその可能性はあるものの、おおかたは米を炊いて食べていた、というのが定説になっている。

いっぽうで**「蒸す」調理法には土器を汚さないというメリットがあり、古墳時代から平安時代にかけて、この調理法が広まっていった。**

現代は「炊く」炊飯が主流になっているわけで、米の調理方法にも流行り廃りがあるということだ。

謎60

弥生人は、米以外に何を食べていた？

——狩猟採集も継続して、野菜や果物の栽培も

弥生時代の人々は米を主食としながらも、縄文時代以来の狩猟採集でも食べ物を調達していた。稲作といっても、現代と比較すると同一面積の水田で五分の一程度の収穫しかなかったわけだから、とても**米だけではお腹を満たせなかった**のだ。また、栄養面でもほかの食べ物が必要だった。

食べ物にした植物は、野草や山菜、豆類、キノコ類、クリやトチノミ、クルミなどの木の実。魚介類はクロダイ、スズキ、アジ、キス、バイ貝、カキ、シジミなどの海のもののほか、コイやウグイ、アユなどの淡水魚。動物はイノシシ、シカ、ウサギ、タヌキ、キツネなど。狩猟採集による食べ物は、縄文時代とあまり変わりがなかった。

縄文時代と違うのは、米のほかにも、**アワやヒエ、麦、大豆などの穀物の栽培**が進んだことだ。桃、スイカ、柿、梅、杏子《あんず》などの果実や瓜《うり》などの野菜も栽培していた。

大陸からもたらされた犬食文化

弥生時代には、**食用の家畜を飼育する文化**もあった。**縄文時代は一部を除いて食用にしなかった犬も、弥生時代は食用にしていた**。各地の弥生遺跡からは食用に解体された犬の骨が見つかっているのがその証拠だ。弥生時代の犬の骨は、縄文時代のように丁寧に埋葬されておらず、なかには人がかじった痕跡が残っているものもある。

このような犬食文化は稲作と同様、大陸からもたらされた。現代の日本人からすると、犬食文化は多くの人々が抵抗を感じるかもしれない。しかし当時の人々にとって、人間に対して従順で飼育しやすい犬は食用の家畜にもしやすく、貴重なタンパク源となったはずだ。犬食文化はその後、古墳時代を通じて残ったが、奈良時代に仏教が入ってきたことから禁止され、一般的には消滅した。犬のほかにも、**弥生時代にはイノシシも食用の家畜となった**。この時代のイノシシの骨にはブタによく似たものがあり、これは大陸で家畜化されたものが日本に入ってきたからではないかといわれている。

また、食用にされていたかは不明だが、奈良県の唐古《からこ》・鍵《かぎ》遺跡からはニワトリの雛の骨が見つかっている。ニワトリの飼育も弥生時代に始まっていたのだろう。

謎61

弥生人は、どんな服装と髪型をしていた？

――庶民は粗末な貫頭衣、支配層は絹を羽織る

稲作の伝来によって、弥生時代の生活様式は大きく変化した。そんな弥生時代に生きた人々は、どんなファッションに身を包んでいたのだろう。

縄文時代から弥生時代に移行しても、服はつくるのに時間と手間のかかる貴重品であることに変わりはなかった。技術的にも大きな進歩があったわけではなく、弥生時代を通して**庶民の着る服は縄文人と変わらぬ貫頭衣**だった。

この時代の貫頭衣は、細長い布を縦に縫い合わせるか結んだかしたシンプルなもので、男女ともに腰を紐で結んでいた。

冬はその上に布や毛皮でつくった上着を重ね着していたというから、ほとんど縄文時代と大差はないといえる。必要がなければ履物を使うこともなく、大人も子どもも裸足で過ごしていた。

ただし、時代が進んで身分の差ができると、支配者層の人々は装飾品を身にまとったり、大陸風の色のついた服を着たりするようになった。こうした衣服は素材の品質もよかった。佐賀県の吉野ヶ里遺跡からは、服の一部だと見なされる絹製の織物が出土している。弥生時代には九州北部で養蚕が行われていたので、絹製の服がつくられていたことは十分想像できる。

服のほか、集落間の争いが始まった弥生時代には**甲冑**《かっちゅう》もつくられた。この時代の甲冑は木製で、組合式《くみあいしき》木甲、刳抜式《くりぬきしき》木甲などの木甲が製作された。戦場ではむろんのこと、平時でも環濠集落の見張り役はこうした鎧を身にまとっていたのかもしれない。

国内にほとんど資料がない弥生人の髪型

シンプルな服装で日々を過ごしていた弥生時代の人々だが、髪型はどうだったか。じつは弥生時代の、とくに女性の髪型はよくわかっていない。というのも、縄文時代のように**人を模した土偶がつくられていない**からだ。

古墳時代になると埴輪《はにわ》がつくられ、左右の**側頭部で髪を束ねる美豆良**《みずら》**（角髪）**などの髪型があったことが明確になるが、弥生時代にはそのような資料がほとんどない。

弥生人のファッション

「魏志倭人伝」には弥生時代の日本人の服装が記述されている。

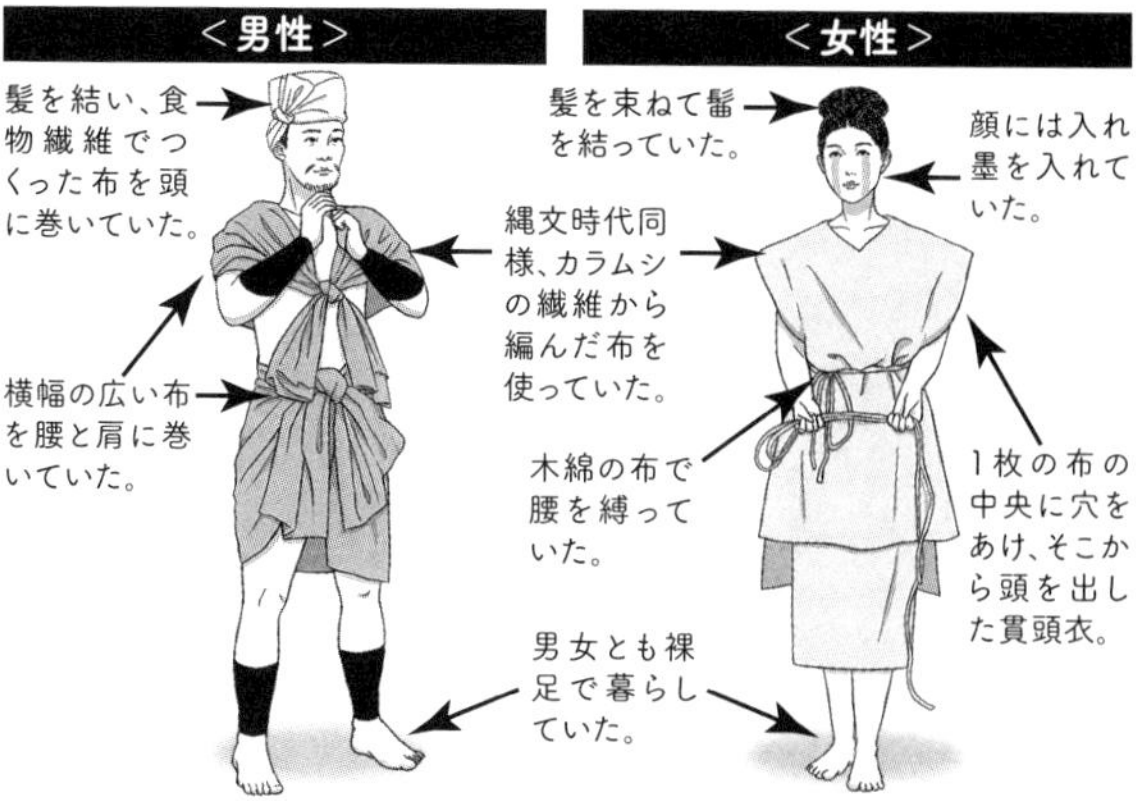

＜男性＞
＜女性＞
髪を結い、食物繊維でつくった布を頭に巻いていた。
髪を束ねて髷を結っていた。
顔には入れ墨を入れていた。
縄文時代同様、カラムシの繊維から編んだ布を使っていた。
横幅の広い布を腰と肩に巻いていた。
木綿の布で腰を縛っていた。
1枚の布の中央に穴をあけ、そこから頭を出した貫頭衣。
男女とも裸足で暮らしていた。

ただ、吉野ヶ里遺跡からは美豆良状の頭髪が出土していたりするので、美豆良はすでに弥生時代からあったとみていいだろう。

晋《しん》の時代に編まれた中国三国時代の歴史書『三国志』にある「魏志倭人伝」にも、男性は髪を結って布を頭に巻いていた、女性は後ろで髪を結っていた、という記述がある。

また、大人も子どもも顔には**入れ墨**があると記されている。入れ墨の文化は縄文時代からなので、弥生時代に残っていても少しもおかしくはない。

しかし、この**入れ墨文化も古墳時代になると、いかなる理由からか消滅してしまう。**歴史のおもしろいところだ。

謎62

弥生人は、鉄器をいつ手に入れた？

――製鉄の開始時期について、新発見が待たれる

弥生時代にあった大きな出来事のひとつが、**鉄器の伝来**だ。

製鉄の発祥の地は、約三千五百～三千四百年前、アナトリア（現在のトルコ）にあったヒッタイト帝国とされている。日本では、縄文時代の後期に相当する時代だ。しかし、生産に高度な技術を要する鉄はなかなか日本列島までは入ってこなかった。

日本列島に暮らす人々が鉄器の存在を知ったのは、紀元前四世紀頃のこと。この頃、九州北部と朝鮮半島の間では交易や移住を目的とした往来がさかんに行われており、その交流のなかで鉄器が日本に入ってきたのである。

鉄で刃がつくられた斧や農具は、それまでの石器や木製農具と比較すると格段に丈夫で使い勝手がよかった。たとえ欠けても、鍛え直せばまた使える利点もあった。

鉄器が石器や木製の道具と違う点は、使い勝手や丈夫さだけではない。石器は石か

ら、木製の道具は樹木からと、両者とも自然の素材をそのまま加工すればつくることができる。

だが鉄は鉄鉱石や砂鉄に熱を加えるという素材づくりから始める必要がある。そのためには、まず鉄鉱石や砂鉄の産出する場所を見つけ出さねばならない。

中期～後期には鉄器が石器を淘汰

日本で鉄の生産が始まったのは、六世紀後半頃からだ。

いっぽうで、西日本各地の遺跡には製鉄炉跡が見つかっている。

弥生時代の比較的早い時期には、すでにできている鉄を農具や武器などさまざまな道具に加工して使っていた。現在判明している限りでは、国内で製鉄そのものが始まるのはずいぶんと先だが、鉄とそれを加工する技術は弥生時代のあるときにほぼ同時に日本に入ってきたのである。

弥生時代中期、後期になると鉄器はかなり広まり、そうした地域では石器がほとんど見られなくなる。

三世紀頃には、「鉄を求めて大勢の倭人が朝鮮半島に来ていた」という記録が残っている。研究者のなかには、輸入だけでは必要な量の鉄はまかなえず、すでに弥生時代には国内で製鉄が始まっていたのではないかという説を唱える人もいる。

だとしたら、日本の製鉄の歴史は一気に五百年以上もさかのぼることになる。

実際に千葉県の沖塚遺跡では、**三世紀後半頃のものという製鉄炉跡**が発見されている。製鉄の歴史の謎を説く新発見が待たれる話題のひとつだ。

謎63

弥生人は、青銅器をどのように使った？

――鉄器とは異なり、もっぱら祭祀に使う

世界史では石器時代の次に青銅器の時代があって、鉄の発明と浸透とともに鉄器時代へと移っていく。しかし**日本の歴史においては、鉄器と青銅器がほぼ時を同じくして渡ってきたため、青銅器時代というものがない。**

正確には青銅器の方が数百年早く伝わったが、ごく限られた数だったため、大半の人はそれに触れたことはおろか、見たことすらなかった。

青銅は主に銅と錫《すず》からなっていて、人類が最初に生み出した合金だといわれている。鉄に比べれば弱いものの、錆《さ》びにくく加工しやすい利点があった。

つくり方にも違いがあり、鉄器が鍛造《たんぞう》（材料を高温にして外力を加える）されたのに対し、青銅器は鋳造《ちゅうぞう》（溶かした金属を鋳型に入れる）でつくられた。

弥生時代の日本では、原料となる銅や錫は大陸や朝鮮半島から輸入され、それを国

内で加工していた。とくに西日本で、大陸や朝鮮半島の鋳造技術を学んだ職人たちが、熱で溶かした銅と錫を鋳型に流し込んでさまざまな青銅器を生産していた。

とはいえ、**実用的な道具としては鉄器の方が格段に優れており、青銅器が廃れてしまってもなんら不思議はない。**

それでも、弥生時代に青銅器がさかんに用いられた分野がある。

それは祭祀である。

祭祀や副葬品に使われた黄金色の道具類

祭祀に用いられた青銅器の代表的なものが**銅鐸**だ。

これは釣鐘型の青銅器で、祭祀の際に木などに吊り下げられて楽器として使われたと考えられている。

表面には**ヒトやシカ、サル、ツルなどの絵が描かれているものもある。これらの絵は祖先や精霊**を表すもので、弥生人の信仰心を感じさせる。鳴らすと響く金属音は、当時の人々には厳かな音に聞こえたことだろう。

前述の鳥装のシャーマンのような祭祀を司る人物が銅鐸の音を響かせながら、人々ともに踊る……。そうした祭祀が想像される。

また銅鐸は、時代を追うごとに豊富な装飾を伴いながら大型化する傾向にあり、もともと「聞く」祭器であったのが、次第に「見る」祭器へと変化したのではないかという説が注目されている。

島根県の神庭荒神谷《かんばこうじんだに》遺跡や加茂岩倉《かもいわくら》遺跡の出土例のように、銅鐸は地中に埋納された状態で発見されることが多く、その目的についても議論が続くミステリアスな祭器である。

滋賀県野洲市小篠原字大岩山にて出土した銅鐸。銅鐸は時代を追うごとに大型化し、2世紀を境に祭祀の場から姿を消していった。

銅鐸のほかによくつくられたのは銅剣や銅矛、銅鏡などだ。たしかに銅剣や銅矛は武器だが、実際の戦いで使用されることはあまりなく、銅鐸と同じように祭祀で使われたり、有力者の副葬品などに用いられた。

現存する青銅器は「青銅」の名前が表すように緑色に近い青色だが、じつはこれは青銅の性質で、錆びるとこうした色になるのである。

製造されたばかりの青銅器は、**黄金色**に輝いている。

銅鏡は文字通り鏡となって、まわりのものを映した。石器や木製の道具しか知らなかった人々にとって、黄金色に光り輝く青銅器は非常に神秘的なものに見えたはずだ。祭祀に使われたのも素直に納得できる。

謎64

弥生土器には、どんな特徴がある?

——縄文土器より「薄くても固い」が実現した理由

稲作の伝来は、土器にも大きな変化をもたらした。それでは、弥生土器は縄文土器とどのように違っていたのだろうか。

縄文時代の土器は縄目の文様が特徴で、形状も火焔型などのユニークなものが多かった。これに対して、**弥生土器はいたってシンプルな形状が第一の特徴だ。**

特徴はほかにもある。**弥生土器は縄文土器に比べて薄かったが、その強度において、縄文土器よりも優れている。**

両者の製法はほぼ同じであったが、縄文土器が野焼きでつくられたのに対し、弥生土器は覆い焼きという製法がとられていた。これは土器の上に土をかぶせることで、内部をより高温にするという方法だ。

縄文土器は約八百度までしか熱を加えることができなかったため、すぐに割れたり欠けたりした。だがいっぽう弥生土器は、**覆い焼きで約一千度の熱を与えることができた**。この二百度の温度差は非常に大きく、薄くても固い土器をつくることができたのだ。

また、弥生土器は縄文土器以上に、その用途によって形状やサイズが多岐にわかれていた。大型の壺は貯蔵用、甕は炊飯や煮炊き、鉢は食べ物の盛り付けなどに使われた。なかには高坏《たかつき》といって、下部に脚のついたものもあった。この高坏に食べ物をのせると、膳《ぜん》の代わりにもなったのだ。

赤彩土器に見られる芸術性

ひとくちに弥生土器といっても、縄文土器がそうであったように生産された地域や年代によってさまざまな種類がある。

なかでもよく知られているのは、愛知県の朝日遺跡から出土した**赤彩土器《せきさいどき》**だ。白い地にベンガラを用いた赤色の文様がついたこの弥生時代後期の土器は、その美しさからクレタ島のクノッソス宮殿跡から出土した古代ギリシアの宮廷土器を連想させるとして、「パレス・スタイル土器」と呼ばれている。

白と赤、たった二色だが、文様には直線文、波線文、斜行線文、列点文などさまざまなものがあり、また種類も壺、鉢、高坏、器台など大小豊富に揃っている。洗練された美しさは、現代でも十分通用するものだ。

いっぽうで、**弥生土器にも縄文土器のような縄目のついたものも存在する。**

弥生時代に入っても北海道や沖縄では縄文時代の暮らしが続いていたし、東北や関東には縄文文化が色濃く残っていた。弥生土器の製法が入ってからも、一定の地域では「縄文」が根強く残っていたのだ。

謎65

弥生人は、どうやって海を渡った？

——丸木舟を大型化して波を防ぐ工夫も

　野生の馬が存在していない弥生時代の日本において、その交通手段といえば、**徒歩か船**の二択であった。

　江戸時代ともなれば、東海道や中山道《なかせんどう》をはじめとして全国に街道が張り巡らされた。人々はこうした街道を利用すれば、たとえ遠方であっても迷うことなく自分の足で目的地までたどり着くことができた。通行の障害となる河川には、橋や渡し舟があった。

　しかし、弥生時代は勝手が違う。集落のなかには生活路のようなものがあっただろうが、整備された街道などは存在しなかった。道といっても足で踏み固めた獣道のようなものだったので、陸路の移動は同じ徒歩でも速度や労力にかなりの差が生じた。

　それでも、後漢《ごかん》や魏《ぎ》に使者を送った奴国《なこく》や邪馬台国の人々のように、弥生人は海を隔てた大陸や朝鮮半島との間を船で行き来していたのだ。

この頃の船は、旧石器時代から使っていた**丸木舟**だった。縄文時代の人々は河川や湖の場合は一艘《そう》で、波のある海を渡るときは数艘の丸木舟をつないで筏《いかだ》にしていた。弥生時代も基本的には縄文時代の方法を踏襲していたが、時代が進んで、荷（交易品など）も増えただけあって、とくに海を渡る船は可能な限り大型化がはかられた。

そこで編み出されたのが、左右の舷《げん》に板を張ることで波の浸入を防ぐ「準構造船」だった。

海を渡るときに同乗した「持衰」とは？

準構造船が、完全な姿を保った状態で出土した例はない。しかし、丸木に板を組み合わせることで船をかなり大型化したことはわかっている。鳥取県や福井県から出土した土器や銅鐸には、大勢の漕《こ》ぎ手が乗る船の絵が描かれている。

大型化されたとはいえ、当時はまだ帆船はなく、船底は波の抵抗を受けやすい平底で、まだV字にはなっておらず、動力はあくまで人の手だった。潮や風の流れもある程度は読んでいただろうが、基本的に人力に頼る航海は危険で過酷なものだったに違いない。「魏志倭人伝」には、**倭人の船には「持衰《じさい》」という役目の人間が乗っていた**

という記述がある。

「持衰」は航海中、着替えや肉類の摂取が禁じられている。**航海が無事に終われば褒美を与えられ、もし遭難などの事故が起こった場合には「慎みが足りなかった」という理由で殺された。**

弥生時代の船乗りたちが大海原に乗り出すには、こうしたある意味非情ともいえる願掛けが欠かせなかったのだ。

第9章

弥生時代の終焉と邪馬台国の正体

謎66

弥生時代、戦争の烈しさは何からわかる?

――殺傷人骨の出土と高地性集落の登場

弥生時代に入ると、縄文時代にはなかった「戦争」が起きるようになった。

縄文時代の章でも触れたが、平和だったこの時代にも殺人はあった。感情の行き違いや、猟場や採集地、交易品などを巡っての諍《いさか》い。出土する人骨のなかに殺害されたと思しきものがある以上、そうした諍いが発端となって命を落とす人がいたことは否定できない。しかし、**縄文時代を通して大規模な争いはついぞなかった。**

人類史を見ると、最古の「戦争」は約一万五千年前、アフリカのスーダンで起きたことがわかっている。砂漠にある旧石器時代の遺跡から、武器で傷つけられた大勢の人骨が見つかったのだ。

記録が残っていない時代の戦争をたどるには、このスーダンの例に限らず殺傷された人骨の発見や武具の出土が大きな証拠となる。

高地性集落の登場

弥生時代中期後半から後期はじめ（紀元前1世紀後半～後1世紀）にかけての高地性集落分布。この時期には瀬戸内海沿岸に集中しているが、次第に東西に分散し分布域が広がっていく。

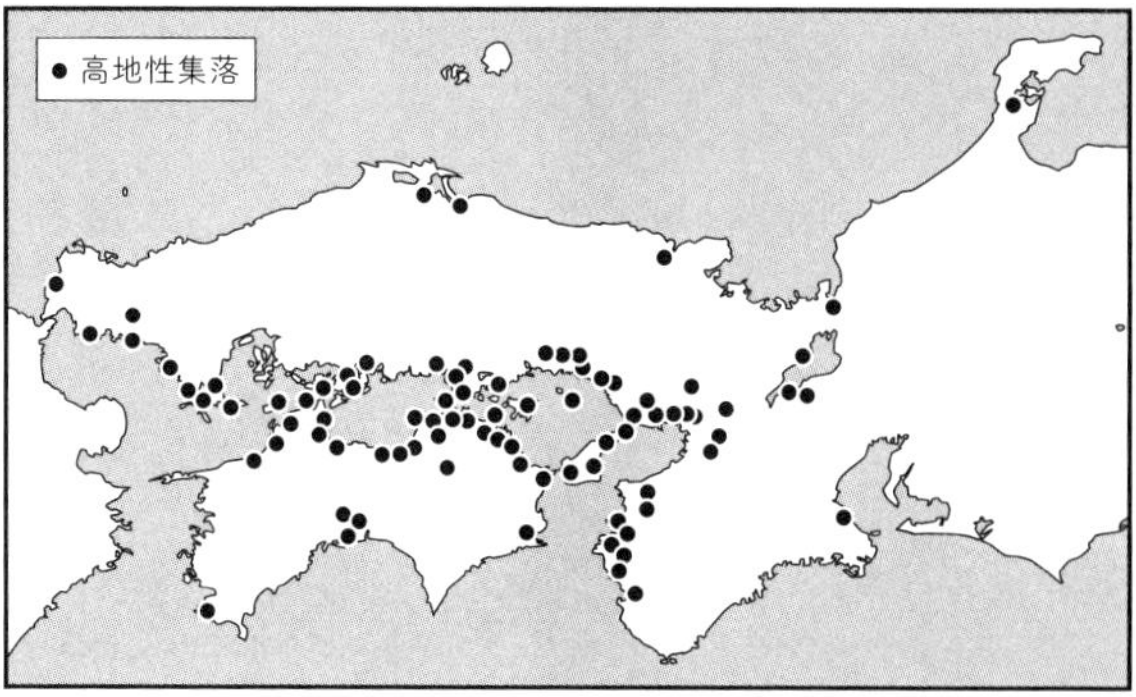

その点でいえば、弥生時代は証拠に事欠かない。たとえば、殺傷人骨でいうなら、兵庫県の新方《しんぽう》遺跡、鳥取県の青谷上寺地《あおやかみじち》遺跡、奈良県の四分《しぶ》遺跡と、そうした人骨が出土した遺跡はいくつもある。

こうした人骨には、弓矢で射られたのか、鏃《やじり》が複数見つかったり、刃物で切られたり突かれたりした傷がついている。これが一体ではなく、何体もあるのだから、組織的な殺傷が行われたことは明白だ。

戦闘的な高地性集落

人骨や武器のほかに、大きな証拠になるのが環濠集落である。

普通に考えて、他者との争いがなければ

要塞のような集落を築く必要はなかったはずだ。

弥生時代中期以降は、瀬戸内海周辺や近畿地方に**「高地性集落」**という特徴的な集落が多数つくられた。これはその後の時代の山城《やまじろ》、平山城のように**低山の頂上や丘の上などの高地に築かれた集落で、戦いを強く意識したもの**であった。その多くは、濠や高い柵を巡らした環濠集落とのハイブリッド版といえるものだった。

戦闘的な高地性集落は防衛に適しているだけでなく、そこから遠方を望むことができたし、逆に遠方からでもその姿を見ることができた。戦闘的な姿勢を相手に見せることは、相手に対する牽制《けんせい》や威嚇《いかく》の役割を果たす。

高地性集落は、平地の環濠集落以上に戦争を強く意識したものだったといえる。

謎 67

中国の歴史書に記された、「倭国大乱」とは？

――クニ同士の争いは、女性を王位につけることで決着へ

弥生時代も後半になると、日本列島には力を持った人々が小国家の「クニ」をつくり始めた。その存在は海の向こうの大陸にも知られるところとなり、漢王朝をはじめとする中国の古代王朝の人々は、日本を**「倭《わ》」**または**「倭国《わこく》」**、日本列島に住む人々のことを**「倭人《わじん》」**と呼んだ。

中国の歴史書において、正史とされるなかではじめて「倭」の名が記載されたのは、紀元一世紀に書かれた**『漢書《かんじょ》』地理志**だ。『漢書』は中国の前漢の歴史を記録したものので、そこには**「日本（倭）は朝鮮の南にあって、倭人が百余の国々をつくっている」**ということが書かれている。漢書の次の時代（後漢）を書いた**『後漢書』東夷伝《とういでん》**には、「紀元五七年に九州北部にあった**『倭奴国（倭国）』の王が後漢に朝貢をし、皇帝である光武帝《こうぶてい》から倭奴国王冊封《さくほう》（中国の皇帝から王に封じられること）の証しであ**

る金印を授けられている」といったことが書かれている。それだけでなく、**「紀元一〇七年には倭国の王が百六十人の生口（奴隷）を献じた」**とある。

さらに注目したいのは、そのあとに続く記録だ。後漢でいうと桓帝《かんてい》、霊帝《れいてい》の時代（一四六〜一八九年）、**「倭国は大いに乱れ、互いを攻めあって主がいなかった」**、という記述がある。

これが現在に伝わる「倭国大乱」だ。果たしてこれはどのような「大乱」だったのだろうか？

『三国志』が最初に伝えた「倭国大乱」

倭国大乱について記述がされた中国の歴史書は、ほかにも多数ある。『三国志（魏志東夷伝倭人条《ぎしとういでんわじんじょう》）』や『後漢書』、『梁書《りょう》』、『隋書』、『北史』などには、いずれも倭国で大乱と呼べるような戦いがあったことが記されている。

このなかで「倭国大乱」に関するもっとも古い記述は、『三国志』にある「魏志東夷伝倭人条」だ。『三国志』は後漢のあとの時代を記録した史書だが、つくられたのは『後漢書』よりも古く、『後漢書』をふくむそのほかの史書における「倭国大乱」

の記述は、おおよそ『三国志』に倣《なら》っている。

『三国志』が語る「倭国大乱」は、「倭奴国（倭国）」の王が光武帝から金印を授けられてから約七十～八十年後に勃発した戦いだった。

ただし、その詳細を伝える記録はなく、実際はどんなものであったか、その詳細は定かではない。この頃、九州北部から現在の大阪府にかけての瀬戸内海沿岸地域にあった複数のクニとクニとの間で戦いが繰り返されたという。

一九九八年（平成十年）に始まった鳥取市の青谷上寺地《あおやかみじち》遺跡の発掘では、倭国大乱時代の百人分以上の人骨約五千三百点が出土し、そのうち百十点に殺傷痕が認められた。激しい戦いを証明するものであり、こうした戦いが全国規模で行われていたことが推測される。

そして『三国志』や『後漢書』はごく短い記述で、**「この戦いが約八年間続いたこと、最終的に「卑弥呼《ひみこ》」という女性を王の座に据えることで決着がついた」**、と伝えている。

謎68

卑弥呼はなぜ、邪馬台国の女王になった?

――倭国大乱を終わらせる、「王の共立」という切り札

『三国志』の「魏書」烏丸鮮卑《うがんせんぴ》東夷伝倭人条、いわゆる「魏志倭人伝」では、卑弥呼の登場を次のように語っている。

「其國本亦以男子爲王。住七八十年、倭國亂、相攻伐歷年。乃共立一女子爲王。名曰卑彌呼。」

この原文の意味するところを簡単に訳してみよう。

「その国（倭国）はもともと男子を王としていたが、七、八十年が経った頃に乱れてお互いに何年も攻め合うこととなった。そこでひとりの女性を王に共立することとした。女性の名は卑弥呼という。」

卑弥呼がいかにして王位に就《つ》いたのか、その理由を中国の歴史書に求めると、この「共立」の二文字が鍵となる。共立とは文字通り、「共に立てる」という意味であり、

邪馬台国の女王・卑弥呼

卑弥呼は「魏志倭人伝」に「鬼道に事え能く衆を惑わす」とある。鬼道については、シャーマニズムとも道教の一種ともいわれるが、神のお告げを聞く巫女としてのイメージが強い。
卑弥呼は魏の皇帝より100枚の銅鏡を贈られたとされる。その鏡については三角縁神獣鏡が有力視されてきたが、出土数があまりに多いことなどから疑問視されるようになった。
衣装は絹製。「魏志倭人伝」には、倭国では養蚕が行われ、生糸を紡ぎ、多様な絹織物を生産していると記されている。
勾玉の首飾りなどの装飾品を身につけるなどして着飾っていたのかもしれない。

『三国志』の文脈を素直にたどると、戦いを続けていた小国家の首長たちが争いを終わらせるべく、自分たちの上に**共通の君主を戴くこととした**、と解釈できる。

平和をもたらした君主の共立

卑弥呼をめぐっては、その存在すら否定する説もふくめて、さまざまな説がある。「共立」ひとつとっても解釈の仕方はいろいろあるが、一般的には次のような見解となるだろう。

倭国大乱が終わろうとする頃、日本列島に百余国あったという小国家（クニ）は、三十余国に絞り込まれていた。その多くは、九州北部、出雲、吉備、近畿、丹後、東海などにあった。それぞれの小国家は、何年にもわたる戦いにすっかり疲弊していた。

そこで発案されたのが、**「王の共立」という解決法**だった。ここからイメージできるのは、**「専制的な君主」ではなく、国家の「象徴的存在である君主」**だ。

こうした存在には、男性よりも女性がふさわしい。選ばれたのは、**託宣《たくせん》を告げる巫女たる卑弥呼だった。**

卑弥呼の共立を、三十余国のなかのどれだけのクニが受け入れたのかはわかっていない。

邪馬台国には狗奴国《くなこく》などの敵対勢力が存在していたことがわかっており、すべての国が「王の共立」に参加したわけではないのは容易に想像がつく。共立の過程でも、新たな戦いが生じていたかもしれない。

しかし、**卑弥呼の登場が倭国大乱を終わらせたことは間違いない。**

これも中国の歴史書に頼るものだが、実際、**卑弥呼は女王になると、紀元二四七年頃に没するまで、邪馬台国とそれを構成する連合国家に平和をもたらした**のである。

謎69

邪馬台国は、どこにあった？

――発祥から終焉まで、謎に包まれた不思議な国

邪馬台国が、地理的にどこにあったかはいまだ明らかにはなっていない。有力なのは**畿内説と九州説**で、江戸時代から現在に至るまで歴史学者の間で何度も論争されてきた。当時の国内の文書がない状態での研究なので、大陸からの渡来品や「魏志倭人伝」の記述などに頼らざるを得ないのが、なんとも歯がゆいところだ。

邪馬台国は卑弥呼の晩年の十年間、数回にわたって使者を当時大陸の北半分を制していた魏に送り、紀元二三九年に朝貢した使者は皇帝より**「親魏倭王《しんぎわおう》」**の金印を与えられている。その際、使者たちは銅鏡百枚を賜ったという話が「魏志倭人伝」には綴られている。だとすれば、**金印やこうした銅鏡が多数出土すれば、そこが邪馬台国の都であった**という可能性は高くなるわけだ。

近年は邪馬台国畿内説が優勢

現在のところ、島根県雲南市の神原《かんばら》神社古墳から紀元二三九年にあたる「景初三年(景初は魏の年号)」の文字が刻まれた**三角縁神獣鏡**《さんかくえんしんじゅうきょう》が発見されていたり、奈良県天理市の黒塚古墳や石川県中能登町の小田中《こだ》親王塚《なかしんのうづか》古墳などからも、大陸からもたらされたものではないかという三角縁神獣鏡が見つかっていたりしてはいる。

しかし、すでに三角縁神獣鏡の出土枚数が百枚を超えていることや、同型の鏡が中国で発見されていないことなどから、そこが邪馬台国であったという決め手にはなっていない。

近年はこうした銅鏡の発見に加え、奈良県桜井市の纒向《まきむく》遺跡から卑弥呼の時代と同時期の宮殿跡と思われる大型建物群の遺構が発見されたことなどから、邪馬台国畿内説がやや優勢になっているといえよう。

ただ、なかには九州にできた邪馬台国が畿内に移り、それがヤマト政権へと移り変わったという説もあれば、吉野ヶ里遺跡などから新発見がもたらされる可能性などもあるため、一概に九州説を否定できる状況にはない。

邪馬台国への道

「魏志倭人伝」に登場する邪馬台国および関連諸国の位置に関しては、九州説と畿内説を中心に諸説入り乱れており、結論は出ていない。

（前略）……南、投馬国に至る、水行二十日。……（中略）南へ邪馬台国（邪馬壹國）に至る。女王によって都べられる（この都は動詞なので統べるの意味）所である。水行十日・陸行一月。
帯方郡
狗邪韓国
対馬国
一支国
奴国
末盧国
伊都国
不弥国
投馬国
邪馬台国
出雲
但馬
水行10日
陸行1月
投馬国
邪馬台国
九州説の要点
❶総距離から計算すると、邪馬台国は九州の内に納まる。
❷「魏志倭人伝」にある「水行10日、陸行1月」の記述は、「水行10日、陸行1日」の誤りである。
❸日数は実際より誇張されている。
畿内説の要点
❶日数を変更するのは適当ではない。
❷「魏志倭人伝」に「南、投馬国に至る」の「南」は「東」であり、投馬国は周防（山口県）に比定すべきである。
❸卑弥呼は倭姫命である。
魏使の旅程ルート（推定）
九州説のルート
畿内説のルート

このほかにも四国説や、そもそも邪馬台国自体がなかったという仮説まである。

「やまたいこく」は便宜上の通称

大きな謎に包まれている邪馬台国。じつは「やまたい」という呼び名も、便宜上そう呼ばれているに過ぎない。「魏志倭人伝」では**「邪馬壹國」**と表記されていて、多くの研究者がこれは**「やまと」の当て字ではないか**と考えている。

そのまま「やまと」と読むと、のちのヤマト王朝とかぶってしまうため、現在のところはあえて「やまたいこく」と呼ぶことが通例となっているのだ。

さらに邪馬台国は、その終焉もよくわかっていない。

というのも、**三世紀半ばから五世紀初頭まで、中国の歴史書には倭国（日本）に関する記述がないからだ。**邪馬台国は三世紀半ばにはまだ大陸に朝貢を行っていたが、その後中国が南北朝の混乱期に突入し、倭国の記述が中断。再び中国王朝の文書に倭国が登場する五世紀はじめ（四一三年）には、**倭国の主導権はすでにヤマト政権のものとなっている。**その間の約百五十年の期間中に、邪馬台国は終わりを迎えてしまったのだ。

謎70

女王・卑弥呼は、どんな人物だった？

——「鬼道」を操る宗教的権威、政務は「男弟」が担う

古代史最大のミステリーである邪馬台国を、さらにミステリアスなものとしているのが女王・卑弥呼という存在だ。「魏志倭人伝」には、二世紀末の倭国大乱の際、諸国が共立した女王であること、二三九年に魏に使者を送り「親魏倭王《しんぎわおう》」の称号を授与されたこと、独身であり、鬼道《きどう》によって国を治め、それを「男弟」が助けたことが伝えられるが、詳しい人物像はわかっていない。

そもそもこの「卑弥呼」という名前、一般に個人名として捉える傾向があるが、実は断定する要素はない。むしろ**役職名や称号**と捉えた方が自然とみる者も多い。

邪馬台国をはじめて研究対象とした新井白石は、「卑弥呼」の意味について**「日御子」**すなわち「日の御子」と解釈した。

ほかにも古代文献では**比弥（姫）は「ヒメ」と読む**と指摘し、「姫子」の音が卑弥

呼の音に一致することなどから、姫に尊敬の子がついた「姫子」が妥当だと主張する坂本太郎氏の「姫子」説や、「ヒ」の「ミコ」つまり**霊力（ヒ）を持った、御子（ミコ）**という意味に解釈する説もあり、個人の名前とすることには疑義が唱えられている。

ただ、その名から推測される通り、**巫女的な性格**がうかがえる人物であり、「魏志倭人伝」によると、卑弥呼は鬼道によって民を治めたとされている。だが、彼女自身が直接政務に関わることはなかったと考えられている。その理由が「男弟」の存在である。というのも、「魏志倭人伝」には「男弟有りて治国を佐《たす》く」とあるためだ。「男弟」という人物に関しては諸説あるが、「治国を佐く」という表現から、この人物が、政務を担当していたことは、まず間違いないだろう。そこで現在、卑弥呼自身は畏敬の対象として存在し、政務自体はその男弟が執っていたものと解釈されている。

そこから見えてくるのは、**「聖俗二元王権」**と呼ばれる政治形態だ。

これは**宗教的権威と政治権力を持つ男女がペアとなって政務にあたる体制**で、ヒメ（女性）＝宗教的権威とヒコ（男性）＝政治権力が表裏一体となることから、**「ヒメ・ヒコ制」**とも呼ばれる。外部から遮断された空間のなかで、卑弥呼は日々祈りを捧げ

卑弥呼の墓ではないかと伝えられる奈良県桜井市の箸墓古墳。

て神の声を聞く。そして、彼女に下った神託をもとに男弟が政治を行った。

こうした男女のペアからなる祭政一致式の政治形態は、じつは当時の倭の社会に珍しいものではなく、たとえば、『播磨《はりま》国風土記』の吉備比売と吉備比古、『古事記』のサホヒメとサホヒコなど、**兄妹が政務を執る政治構造**がみられる。

卑弥呼と男弟のヒメ・ヒコ体制は、倭の社会に適合した政治構造だったのだろう。

卑弥呼の正体とは？

日本の歴史書に、卑弥呼の痕跡を見ることはできないのだろうか？

ヤマト政権以前に覇権を握っていた人物

なのだから、本来は言及されてしかるべきだが、記紀には邪馬台国への言及がなく、卑弥呼の動向も当然記されていない。

四世紀の人物とされる神功《じんぐう》皇后の『日本書紀』の記事に「魏志に云う」として卑弥呼の記述を紹介し、「神功皇后＝卑弥呼」をほのめかすような書き方をしているが、実際には両者の生きた時代には百年程度のズレがあり、否定されている。

いっぽうで現在、比定説としてもっとも知られるのが、**倭迹迹日百襲姫命**《やまとととひももそひめのみこと》である。

彼女は七代孝霊《こうれい》天皇の皇女で、十代崇神《すじん》天皇の時代に天皇への謀反を予告したり、三輪山の大物主神《おおものぬしのかみ》の妻になったり巫女的な活躍を見せている。

そんな**彼女の墓が、奈良県桜井市の纒向《まきむく》遺跡にある箸墓《はしはか》古墳とされ、この墓の円墳部の大きさが「魏志倭人伝」にある卑弥呼の墓と近い**とされることも、彼女が比定される理由の一つとなっている。加えて、近年の調査により倭迹迹日百襲姫の時代と卑弥呼の時代とが、ほぼ重なることが明らかとなったことも、この説を後押ししている。

このほか、天照大神説や九州熊襲《くまそ》の女首長説などもあり、いずれの論者も一歩も引かない状態にある。

邪馬台国を率いた卑弥呼の最期については、二四七年頃、狗奴国との争いの最中に没したと考えられる。卑弥呼が亡くなったときの年齢について、ひとつの目安が、**魏の使者が親魏倭王の印綬を渡すために卑弥呼と謁見した二四〇年の段階で、「年、長大」とあることから、すでに高齢であった**ことは間違いない。

「魏志倭人伝」によると卑弥呼が王に共立されたのは倭国大乱のときのことで、それは『後漢書』に桓帝と霊帝の間と記されているので、おおよそ一四六〜一八九年と推定できる。

となれば、卑弥呼は一八〇年代の半ばあたりに女王に就《つ》いたことになる。没年が二四七年頃とあるのだから、その治世は六十年以上に及んだわけだ。

次の台与《とよ》が十三歳で共立されたことを考えると、卑弥呼もまた就任が十代であった可能性もあり、没時は八十代になっていた計算になる。当時の平均寿命が四十代であったことを考えれば、かなりの高齢であったことは間違いない。

謎71

邪馬台国のほかに、どんな国があった？

――ライバルの狗奴国の存在、東北や関東では縄文時代が続く

西日本に平和をもたらした邪馬台国。もし邪馬台国が日本列島すべてを治めていたとしたら、日本史は大きくさま変わりしたことだろう。『古事記』や『日本書紀』の内容もずいぶん違ったはずだ。しかし、そうはならなかった。

卑弥呼が君臨し、邪馬台国が栄えていた時代でも、その勢力外には敵対するクニや、邪馬台国とはほとんど無関係な暮らしを送っている人々がいた。

邪馬台国のライバルとして有名なのが「魏志倭人伝」に登場する**狗奴国**《くなこく》だ。狗奴国は邪馬台国の南に位置し、**卑弥弓呼**《ひみくこ》という王が率いていた。その場所は、邪馬台国がもし九州にあったとするなら熊本県の球磨《くま》郡付近、畿内なら紀伊半島の熊野付近となる。狗奴国の詳細な歴史は不明だが、卑弥呼の死の直前には邪馬台国との間に戦端を開いており、邪馬台国やその連合国とは敵対関係にあったといわれている。

北海道は縄文時代が続き、沖縄は貝塚時代

「魏志倭人伝」には言及されない西日本以外の東日本に目を向けると、この時代、**関東や東北ではいまだに弥生文化と縄文文化が入り混じっていた。**

同じ東日本のなかでも弥生式の環濠集落を建設して稲作を行っている人々もいれば、縄文式の狩猟採集生活を営んでいる人たちもいた。

なかには西日本のように「クニ」と呼べる集落もあったが、その数は限られていた。東北地方の北部では、いったんは始めた稲作をやめて、縄文時代の暮らしに戻る人々もいた。当時の気候と技術では、北東北で稲作を続けることは厳しかったようだ。

稲作を行っていなかった北海道では、人々が縄文時代と変わらぬ生活を送り、「続縄文時代」といわれる時代が続いていた。人口もそれができる程度の数だったからだ。

南へ転じると、北海道同様**稲作を受容しなかった沖縄でも、「貝塚時代」と呼ばれる狩猟採集と漁労が中心の生活を営む時代が続いていた。**沖縄の人々は南の海特有の美しい貝殻で首飾りや指輪などの装身具をつくり、九州や本州との交易に使っていた。

弥生時代の日本列島では、多様な暮らしが同時に営まれていたのである。

謎72

弥生時代のお墓は、どんなものだった？

——身分の発生に伴い、埋葬方法も多様化

縄文時代では亡くなった人を埋葬するために、膝を折り曲げる**屈葬**や足を伸ばした状態の**伸展葬**、掘り返しての合葬などが行われたものの、成人の墓は基本的に直接、土葬するスタイルをとっていた。

いっぽう、弥生時代の墓は縄文時代に比べるとバリエーションに富んでいる。果たしてどのような墓があったのだろうか。

埋葬方法は縄文時代からの伝統といえる屈葬もあれば、体を寝かせた伸展葬もあった。屈葬は主に土坑墓《どこうぼ》と呼ばれる土を掘った墓で行われた。穴のサイズが小さくてすむ土壙墓は、もっとも手軽な庶民レベルの墓だった。佐賀県の吉野ヶ里遺跡からは、専用の大きな土器に埋葬する甕棺墓《かめかんぼ》なども見つかっている。

伸展葬には、木の棺に入れて埋葬する木棺墓や、掘った穴の縁を石で覆う箱式石棺

墓、支柱となる石を立てて、その上に平たい石で蓋をし、下部の地面に埋葬用の穴を掘った支石墓などがあった。このように種類が増えたのは、大陸や朝鮮半島から稲作文化と同時に墓や埋葬方法の文化がもたらされたからだ。とくに九州などの西日本では、新しい埋葬方法が積極的に採用された。

有力者たちが眠る墳丘墓

時代が進み、クニが形成され始めると、**墓は身分を示す格好の道具**となった。その端緒となったのが、墓の周囲を溝などで囲む**方形周溝墓**だ。方形周溝墓は弥生時代前期から築かれはじめ、中期、後期になるとかなり一般的なものとなった。ひとつの墓には一家族が埋葬されることが多く、有力者やその家族の方形周溝墓はほかのものよりもサイズが大きめに造られた。

方形周溝墓以上に身分の高さを誇示したのが、墳丘墓だ。

埋葬地に土や石を積み重ねて丘状にしたこの墓は、首長やその一族などクニや集落に君臨する者の墓として造成された。古墳時代の前方後円墳ほど巨大で定型化されているわけではないが、西日本を中心に日本各地で見ることができる。

謎73

弥生時代の人口は、増えていった？

――稲作のおかげで約六十万人まで増えた！

縄文時代や弥生時代の人口は、遺跡の数などから推定することができる。

旧石器時代、おそらく数千人程度しかなかった日本列島の人口は、縄文時代早期には約二万人を数えた。第一章でも触れているが、その数は**縄文中期に約二十六万人にまでふくれあがった。**これは土器の使用など道具類の進歩なども関係しているが、主だった要因としては**気候が温暖だった**ことが大きく作用している。

約一億二千万の人口を擁する現代人の感覚からは、二十六万人ではいかにも少なく感じてしまう。もしこれを四十七都道府県に振り分けると、一県あたりの人口は五千五百三十二人となる。しかし、当時の道具などの技術や、狩猟採集と漁労が中心の社会であったことを考えると、この数はまさに適正規模だったのだ。

もし約七千三百年前に起きた鬼界カルデラの噴火などがなければ、西日本の人口はもう少し多かったかもしれないが、これが温暖期の日本列島のキャパシティだったのだ。

二十六万を数えた人口は、しかし、**縄文晩期になると寒冷化や植物相の変化などで食料が減ったため、八万人にまで減少してしまう。**そこには稲作とともに大陸から持ちこまれた、未知の感染症や災害などの副次的要素もあったかもしれない。

弥生時代の人口は縄文晩期の七倍以上

縄文晩期に急減した人口が回復したのは、弥生時代に入ってからだった。大陸から稲作が伝えられたことで、日本列島に暮らす人々ははじめて食料を自分たちの手で一からつくることを覚えた。**弥生時代に入って稲作が普及した西日本では人口が増加し、日本列島全体で約六十万人となった。**「魏志倭人伝」ではその数を十五万戸としている。いったい誰が数えたのか疑問は残るものの、一戸に四人が暮らしているとして計算すると、十五万戸という数は六十万の人口に符合する。

人口の増加はその後の古墳時代も続き、奈良時代には四百五十万人を数えた。

戦争や階級差などももたらした稲作の伝来。しかしこの稲作があったからこそ日本の社会は発展し、統一国家として現代に至った。弥生時代の持つ意義は大きいのだ。

謎74

弥生時代は、古代日本の歴史書に書かれている？

――神話の世界と史実の世界の違い

紀元一世紀頃に中国の歴史書にいくらかの記述があるほかは、リアルタイムで書かれた記録のない弥生時代。この時代について知るには、やはり遺跡やそこから出土する物を調べていくのが正当な手法といえる。

日本列島で文字が使われ始めたのは、出土した資料で見ると古墳時代の五世紀からになる。埼玉県の稲荷山《いなりやま》古墳から出てきた「金錯銘《きんさくめい》鉄剣」には、百十五文字の銘文が刻まれている。そこには第二十一代の天皇である雄略《ゆうりゃく》天皇の名「獲加多支鹵（ワカタケル）」の文字がある。

ただ、ほかにもこの鉄剣よりも古い弥生時代の土器に文字らしきものが刻まれているのが発見されたり、硯《すずり》を思わせる石片が出土したりしている（砥石との説も有り）。だとすれば、**弥生時代にはすでに一部で文字が使用されていたことになる。**また

『三国志』や『後漢書』などの中国の歴史書の記述が正しければ、弥生時代の倭国の王やその使者たちは朝貢の際に授けられた金印などを介して、少なくとも文字には触れていたはずだ。

こうなると文字による記録に期待したいところだが、日本国内で歴史について記された書物となると、八世紀の『古事記』と『日本書紀』の成立を待たねばならない。

『古事記』や『日本書紀』が語る弥生時代は神話の世界

『古事記』が成立したのは七一二年、『日本書紀』は七二〇年。ほぼ同じ時代に成立した両書は、前者が国内向けに天皇家の物語を綴っているのに対し、後者は国外向けに日本という国の成り立ちや歴史について説明している。

どちらも天武天皇によって編纂が命じられた正史だが、そこで描かれている弥生時代以前の日本の歴史は神話の世界になっていて、史実と一部重なる部分はあるかもしれないものの、現実とは乖離してしまっている。たとえば天皇家の起源にしても、これらの歴史書では、初代天皇である神武天皇は、九州の高千穂《たかちほ》より遠征して大和を征服し、紀元前六六〇年一月一日に即位したとあり、それ以前の時代は神々が司る「神《じん》代《だい》」ということになっている。

紀元前六六〇年といえば、弥生時代前期にあたる。**もし神武天皇が実在したとしたら、卑弥呼よりもずっと以前に存在したことになり、**その後八代の天皇を経て、十代の崇神天皇の時代へと至る。この崇神天皇の時代が三世紀後半から四世紀前半とされ、卑弥呼の時代と重なってくるのだ。つまり、弥生時代の日常風景はまったく歴史書に記されていないのである。

じつは『古事記』や『日本書紀』以前にも歴史書は存在した。散逸してしまったために残ってはいないものの、当時の日本には六世紀前半に成立したといわれる『**帝**《てい》**紀**《き》』や『**旧辞**《きゅうじ》』といった歴史書があり、これらの古文書が『古事記』や『日本書紀』を編纂する際の参考資料とされた。

たしかに『古事記』や『日本書紀』に比べると弥生時代には近いが、それでも三百年近い隔たりがある。

その内容も、やはり神話や伝承が中心だったらしい。しかし、そこには『古事記』や『日本書紀』では記載が省略された史実も記載されていたかもしれない。

弥生時代の実相がうかがえる、文字や銘文の発見を待ちたいものだ。

謎75

弥生時代、世界ではどんな大事件が起きた？

——アレクサンドロス大王によるヘレニズム文化

弥生時代は小国家間の戦争が勃発するなど、日本の歴史がはじめて迎えた激動の時代といえる。いっぽうで世界に目を向けると、中国大陸やヨーロッパもそれを上回る騒乱と変革の時代を迎えていた。

弥生時代が始まった頃、ヨーロッパでは古代ギリシア文明が栄えていた。

アテネやコリントスなどの都市国家が誕生し、ギリシア世界での覇権を争っていた。**弥生時代前期の紀元前四三一年には、アテネとスパルタとの間に史上名高いペロポネソス戦争が起きる。**日本でいうなら、六百年後の倭国大乱のような戦争だった。

約百年後の**弥生時代中期には、マケドニアのアレクサンドロス大王が登場し、ペルシアやエジプトを征服する。**アレクサンドロス大王の活躍の結果、古代オリエントと古代ギリシアの文化が融合されたヘレニズム文化が生まれ、その影響がやがてイタリアで台頭した共和制ローマにも及んだ。

弥生時代中期の終わり頃、紀元前三〇年には古代エジプトのプトレマイオス朝が、ローマによって滅亡。世界史の主役は、帝政へと移行した古代ローマとなる。そして日本が弥生時代後期に入った頃に、イエス・キリストが誕生する。その後もヨーロッパでは、ローマ帝国の時代が日本で弥生時代が終わるまで続くこととなる。

中国大陸を見ると、弥生時代前期は春秋時代、中期には戦国時代を迎えている。**秦の始皇帝が統一国家をつくったのが弥生時代中期の紀元前二二一年。**秦は始皇帝の後が続かず、劉邦が立てた漢王朝に移り変わる。

そして紀元二二〇年から魏・蜀・呉の三国時代が始まる。**卑弥呼の出した邪馬台国の使者に金印を与えたのは、この三国のうちの魏だ。**

ヨーロッパと中国大陸だけを見ても揺れ動いていた世界。釈迦によって創始された仏教が、インドやスリランカに根を張っていったのもこの頃のこと。太平洋の向こう側の中米では、ユカタン半島を中心にマヤ文明が栄えていた。地球のあちらこちらで、独自の文明が生まれていたのだ。

謎76

弥生時代は、どのように終わった？

――古墳が物語る、国家連合から統一国家の時代へ

弥生時代の始まりは、弥生土器の付着物の年代測定によって、かつて定説とされていた時代よりも五百年もさかのぼった。この先も、新しい発見によって変わる可能性はある。始まりとは対照的に、弥生時代の終わりについては明確になっている。証拠となるのは、近畿地方に多数が残された**巨大な古墳**だ。

弥生時代も中期から後期になると、各地に墳丘墓が多数造られた。しかしそれらの墳丘墓は、まだ地域の有力者の墓といった体裁のものでしかなかった。

それが三世紀半ばになると、それまでとは一変した巨大な墓＝**前方後円墳**が造成されるようになった。これはその墓に眠る人物が、それまでのクニの王（首長）といったレベルではなく、各段に強大な権力を持っていたことを示している。

各地の前方後円墳は統一政権への服属の証

たとえば、日本最古の前方後円墳であり、卑弥呼の墓説もある（宮内庁では第七代孝霊天皇の皇女・倭迹迹日百襲姫《やまとととひももそひめ》）』の墓としている）奈良県桜井市の箸墓古墳は全長二七八メートル。弥生時代の墳丘墓で最大の岡山県倉敷市の楯築遺跡の墳丘墓が全長約八十メートルだから、その差は歴然としている。箸墓古墳が築かれた頃の日本は、もはや**小国家の集まりではなく、統一政権が統《す》べる国家**へと成長していたのだ。

また、前方後円墳には弥生時代の墳丘墓と違って、形状がほぼ同じという特徴がある。これは古墳時代に成立したヤマト政権が、政権に従うことと引き換えに、各地の有力な豪族に前方後円墳を築造することを許可したからではないかといわれている。

全国に約五千ある前方後円墳で最大のものは、仁徳天皇の陵墓といわれる大阪府堺市の大仙陵《だいせんりょう》古墳（大山古墳）だ。全長四八六メートルにも及び、面積ではピラミッドや秦の始皇帝陵を凌ぐ世界最大の墳墓として知られ、二〇一九年には世界文化遺産に登録された。前方後円墳の登場は統一国家誕生の証しであり、ここに日本の歴史は弥生時代から古墳時代へと移行した。三世紀半ばのことだ。

古墳のランキング

ヤマト政権が君臨した畿内の一部では前方後円墳を頂点とした墓制が敷かれ、政権の勢力伸長に伴い、やがて全国へと広まっていった。

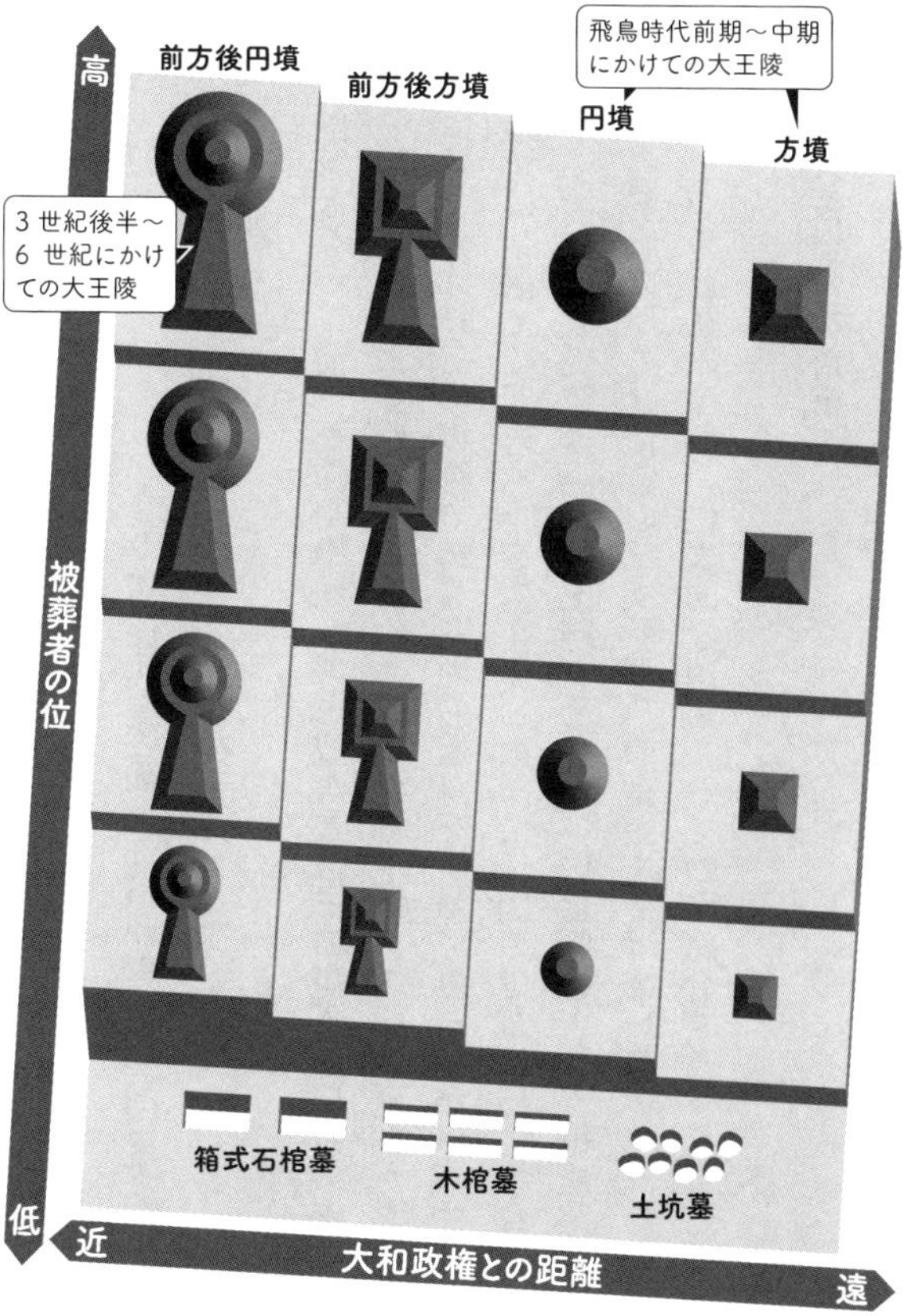

飛鳥時代前期～中期にかけての大王陵
高
前方後円墳
前方後方墳
円墳
方墳
3世紀後半～6世紀にかけての大王陵
被葬者の位
箱式石棺墓
木棺墓
土坑墓
低
近
大和政権との距離
遠

※『古墳時代の研究7』都出比呂志「墳丘の形式」をもとに作成。

謎77

弥生時代の遺跡には、どんな特徴がある？

――稲作や倭国大乱、邪馬台国の足跡を探る

日本が統一国家となる以前、稲作や小国家の形成など、その礎を築いたのが弥生時代であった。最新の学説により期間が以前の七百年から千二百年へと延びた弥生時代のことを知るには、やはりその痕跡である各地の遺跡を訪ねてみるのがいちばんだ。

弥生時代の遺跡は全国で約三万六千を数える。なかには国の史跡に指定されているものもある。とくに重要な史跡は**「特別史跡」**とされ、佐賀県の吉野ヶ里遺跡、静岡県の登呂《とろ》遺跡、長崎県の原《はる》の辻《つじ》遺跡の三ヶ所がその指定を受けている。

ここではこの三つの遺跡のほか、代表的な遺跡をいくつか紹介する。

★吉野ヶ里遺跡（佐賀県神埼市）

大規模な環濠集落跡が残る。多くの建物が復元されていて、弥生時代にタイムス

リップしたかのような体験ができる。

★登呂遺跡（静岡県静岡市）

弥生時代の水田跡が史上はじめて発見された遺跡。復元された建物のほか、隣接する登呂博物館には多くの資料が展示されている。

★原の辻遺跡（長崎県壱岐市）

壱岐市にある弥生遺跡で、「魏志倭人伝」には一支国《いきこく》の王都であると記されている。島という場所柄、交易に関係する遺構が多い。

★大塚・歳勝土《さいかちど》遺跡（神奈川県横浜市）

国の史跡で、隣接する横浜市歴史博物館とともに弥生時代の歴史に触れられる遺跡公園。メインの大塚遺跡は弥生時代中期の環濠集落。

★朝日遺跡（愛知県名古屋市・清須市）

弥生時代の大規模な集落跡。併設されている、あいち朝日遺跡ミュージアムでは往時の集落の様子が窺える。赤彩土器の展示もある。

★纒向《まきむく》遺跡（奈良県桜井市）

JR巻向駅近くにある広大な遺跡群。卑弥呼の墓という説がある箸墓古墳もここに含まれる。大型建物の柱などが復元されている。

★荒神谷《こうじんだに》遺跡（島根県出雲市）

青銅器の発掘では国内最多。これまで銅剣三五八本、銅鐸六個、銅矛十六本が出土している。出土品は島根県立古代出雲歴史博物館で見学できる。

★土井ヶ浜遺跡（山口県下関市）

約三百体もの人骨が出土した弥生時代の墓地跡。土井ヶ浜遺跡・人類学ミュージアムにある多数の人骨が眠る発掘時の様子を復元した展示は必見。

★青谷《あおや》上寺地《かみじち》遺跡（鳥取県鳥取市）

殺傷された人骨などが多数出土した大規模集落遺跡。非常に珍しい弥生人の脳も発見されている。海に面していて、漁労や交易に関する資料も多い。

★板付《いたづけ》遺跡（福岡県福岡市）

佐賀県の菜畑遺跡と並んで、最初期の水田跡が見られる遺跡。環濠集落としては弥生時代最古のもので、現在は遺跡公園として整備されている。

ここに挙げた弥生遺跡の多くは、建物や集落跡が復元されていたり、博物館が併設されていたりする。

どこも時間をかけてゆっくりと見てみたい遺跡ばかりだ。

弥生時代は古代における日本の近代化だった

旧石器時代に、日本列島に人が渡ってきたことで始まった日本の歴史。

一万四千年の長きにわたって続いた縄文時代は、捉え方によっては**人と自然が共生できていた夢のような時代**といえたかもしれない。しかし、それは決して甘い夢ばかりの日々ではなかった。**気候変動や火山噴火**などによる食料不足に対し、人々はほぼ無力だった。それが**縄文晩期の人口の急減**という現象となって現れた。

続く弥生時代に、縄文時代といういわば長い夢から覚めた日本列島の人々は、自分たちの手で食べ物をつくることを知った。

争いや格差などの弊害は生まれたものの、享受できる恩恵の方がはるかに大きかった。外界とは無縁の絶海の孤島ならいざ知らず、地理的に大陸からそう離れていない日本でこの時点で弥生時代が始まっていなければ、その後の歴史が大きく変わっていた可能性がある。

江戸時代から明治時代への切り替えによって国が近代化したのと同じように、弥生時代は「古代における日本列島の近代化」だったといえるだろう。

その意味で、弥生時代は日本が通らなければならない道であったといえる。

縄文時代、弥生時代に関する新発見は今後も続くはずだ。

本書で記述された内容が、大きく覆される可能性も十分にある。

どんな発見が待っているのか、楽しみでならない。

【参考文献】

『縄文時代の歴史』山田康弘、『弥生時代の歴史』藤尾慎一郎、『日本の歴史①縄文の生活誌』岡村道雄、『日本の歴史②王権誕生』寺沢薫、『縄文の人々』池田幸雄（以上、講談社）／『縄文土偶ガイドブック』三上徹也、『ビジュアル版縄文時代ガイドブック』勅使河原彰、『南九州に栄えた縄文文化・上野原遺跡』新東晃一、『石にこめた縄文人の祈り　大湯環状列石』秋元信夫、『歴博フォーラム　ここまでわかった！　縄文人の植物利用』工藤雄一郎・国立歴史民俗博物館編（以上、新泉社）／『古代史を知る事典』武光誠、『考古学を知る事典』熊野正也、堀越正行（以上、東京堂出版）／『古代史の基礎知識』吉村武彦、『考古学の基礎知識』広瀬和雄（以上、KADOKAWA）／『知られざる弥生ライフ　え？　弥生土器なのに縄文がついたものがあるって本当ですか!?』譽田亜紀子著、大阪府立弥生文化博物館監修、『知られざる縄文ライフ　え？　貝塚ってゴミ捨て場じゃなかったんですか!?』譽田亜紀子著、武藤康弘監修（以上、誠文堂新光社）／『歴史と人物14　目からウロコ日本古代の新常識！』（中央公論新社）／『日本の古代史　発掘・研究最前線』瀧音能之監修（宝島社）／『つくられた縄文時代―日本文化の原像を探る』山田康弘（新潮社）／『縄文 vs. 弥生――先史時代を九つの視点で比較する』設楽博己（筑摩書房）／『縄文時代の不思議と謎』山田康弘監修（実業之日本社）／『縄文人がなかなか稲作を始めない件　縄文人の世界観入門』笛木あみ（かもがわ出版）／『シリーズ日本古代史①農耕社会の成立』石川日出志（岩波書店）／『ときめく縄文図鑑』文 譽田亜紀子　監修　新津健（山と溪谷社）／『【決定版】図説日本の古墳・古代遺跡』（学研プラス）／『日本歴史　私の最新講義　縄文社会と弥生社会』設楽博己（敬文舎）／『日本の歴史①日本史誕生』佐々木高明（集英社）／『入門縄文時代の考古学』谷口康浩（同成社）／『列島の考古学　縄文時代』能登健（河出書房新社）／『老人と子供の考古学』山田康弘（吉川弘文館）

本書は、本文庫のために書き下ろされたものです。

「ニッポン再発見」倶楽部（にっぽんさいはっけん・くらぶ）

　現代日本が忘れかけた〝古きよき日本〟を掘り起こし、その魅力を改めて見出すために結成された研究・執筆グループ。

　日本をもっと元気にすることを目指して、さまざまな分野の情報を発信している。

　独自の切り口・視点には定評がある。

　主な著書に、『日本は外国人にどう見られていたか』『「あの国」はなぜ、日本が好きなのか』（以上、三笠書房《知的生きかた文庫》）などがある。

知的生きかた文庫

ここまでわかった！　縄文《じょうもん》と弥《や》生《よい》　77の謎《なぞ》

著　者　「ニッポン再発見《さいはっけん》」倶楽部《くらぶ》
発行者　押鐘太陽
発行所　株式会社三笠書房
〒一〇二-〇〇七二　東京都千代田区飯田橋三-三-一
電話〇三-五二二六-五七三四〈営業部〉
　　〇三-五二二六-五七三一〈編集部〉
https://www.mikasashobo.co.jp
印刷　誠宏印刷
製本　若林製本工場

ISBN978-4-8379-8869-4 C0130

知的生きかた文庫

おもしろ雑学 日本地図のすごい読み方

ライフサイエンス

県境をめぐる悲喜こもごも、地図に隠された歴史の謎、全国のおもしろスポット、珍しい地名に込められたメッセージ…日本地図はワクワクする秘密の宝庫！

おもしろ雑学 世界地図のすごい読み方

ライフサイエンス

気候や風土の珍現象から、国境や国名をめぐる複雑な事情、一度は訪問したいおもしろスポットまで、世界各地の「へぇ～」な仰天ネタが大集合！

図解！ 江戸時代

「歴史ミステリー」倶楽部

大江戸「八百八町」は大げさな表現？ いえ、実際は「千七百町」もあった！ 知っているようで知らない江戸時代の基本を徹底図解でわかりやすく解説！

日本は外国人にどう見られていたか

「ニッポン再発見」倶楽部

幕末・明治期に日本にやって来た外国人たちは、何を見、何に驚き、何を考えたのか？ 彼らが残した膨大な文献のなかから、興味深い記述を厳選紹介！

「あの国」はなぜ、日本が好きなのか

「ニッポン再発見」倶楽部

「超親日国」といわれる世界六〇ヵ国が、日本を「好き」になった理由を、豊富な写真とともに紹介。日本人も知らない歴史秘話や、感動のエピソード満載！

C50485